紅流

女講談師として生きて

日本講談協会会長
神田紅

クラウドブックス

はじめに

講談の道に入って四十五年を迎えた神田紅でございます。これまでご贔屓にしてくださったみなさまのお支えがあって、ここまで来られたのだと心から感謝申し上げます。

早いもので、あたしも七十歳を過ぎたわけですが……。

ええ〜、とてもそうは見えない？　それじゃあ、遠慮なく参りますよ。

小野小町か照手姫《てるてひめ》、見ぬ唐《もろこし》の楊貴妃か普賢菩薩《ふげんぼさつ》の再来か、はたまた神田紅か。パーン、パンパン。

はい、こうやってあたしが張り扇で釈台を三回叩いたら「拍手、ちょうだい」の意味です。のっけからの無茶ぶりにありがとうございます。きょうのお客さんはノリがよろしいようで。

もちろん、あたしがそんなに絶世の美女でしたら、女優として大成していたかもしれませんけど。あ、あたし、女優だったんですよ。それがどうして講談師になったのかというと、そのお話はあとでたっぷりと。

何が言いたいのかと申しますと、この年になっても忘れられない言葉がありまして。今も頭の中をぐるぐると回っております。

時は一九六八（昭和四十三）年五月、九州は福岡市の修猷館高校での放課後の出来事。樋口和子というショートカットの美少女が、教室のゴミ箱の上に腰かけて、足をぶらぶらさせておりました。真面目な級友たちは掃除にいそしんでおりましたが、掃除が苦手な和子はそれを横目に見ながらぼーっとしていたのであります。

すると突然、コツンと頭を叩かれました。

「女の子は女の子らしゅうしましょうぜ」

見ると、スリコギのような棒を持った担任教諭が、冗談とも本気ともつかぬ笑みを浮かべて立っているではありませんか。

えっ、なんで「消防」があたしの頭を？　この先生、担任の数学教諭でしたが、始業の鐘が鳴ると同時に消防車のような素早さで教室にやってくることから、級友たちはそういうあだ名で呼んでいたのです。

親にも叩かれたことのない頭を叩かれたこともショックでしたが、和子にはその言葉の意味が理解できませんでした。サボっているのを叱られるのならわかりもする。でも、「女の子らしく」というのは、どういうことか。ゴミ箱の上に腰かけたから？　でも今風に言うと「え〜っ、そこ？」という感じでした。

その後、母がこの先生と面談した折に、こんな話をしたそうです。

「どういう育て方をされたんですか」

「どういうって……。普通にですが」

「男の子に生まれたらよかったですね」

母は赤面するしかなかったそうです。

つまりは、女のくせにだらしない、はしたないという意味だったのだと、和子はあとで知りました。はい、もう言わずもがなですね。この和子がのちの神田紅でございます。

実は亭主関白だった父からも、小学校の先生からも「女のくせに」とか「女だてらに」と言われてはいましたが、多感な青春時代の出来事だけに、よりいっそう鮮明な記憶として残っているのでしょう。

講談師の世界でも、あたしが入門した頃は「女流」というだけで相手にもしてもらえず、悔し泣きしたこともあります。だけど、なにくそと腹の中では思っても顔には出さず、ある時は受け流し、ある時は懐に飛び込みながら進んできました。

そう考えてみると、言われ続けた「女のくせに」という言葉がバネになったのかもしれません。おなじみの古典講談だけでなく、泉鏡花から源氏物語、果てはマリリン・モンローからヒップホップまで「紅流」の創作講談に挑み続けてきました。

今、東京の講談師は女性が四十三人、男性が三十六人で、数の上では女性優位となり、日本講談協会では女性のあたしが会長を務めさせていただいております。入門した時に女性が四人しかいなかったことを思うと、隔世の感があります。

だけど、まだまだ満足はできません。女流講談の良さをもっと知っていただきたい。そのためにも「紅流」に磨きをかけ、死ぬまで語って参る覚悟でございます。パーン、パンパン。

あら、ちょっと力が入りすぎちゃったかしら。ともかく、これからそんな神田紅の波瀾万丈の人生を隠すことなく綴っていこうと思います。どうぞ、読んでくれない？

目次

第一章　幼少期

「講釈師、見てきたような嘘をつき」と申します。講釈というのは講談の古い呼び名です。要するに、まるでその場にいたかのようにストーリーを語ることから、そう言われるようになったのだそうです。

これからお話しすることは、あたし自身の記憶に基づいておりますので、嘘はございません。ただ、我ながらスリリングな人生を歩んできましたので、時として「え〜っ」と驚いたり、のけぞったりすることもあるやもしれません。そうなれば講談師として本望なのですが。どうぞ最後までお付き合いくださいませ。

時は一九五二（昭和二十七）年四月二十日、九州は「博多の奥座敷」として知られる二日市温泉のある福岡県筑紫野市に、見目麗しい女の子が生まれました（あ、舌の根も乾かぬうちに嘘を……）。のちの神田紅こと、あたし樋口和子でございます。

この年の四月、アメリカは日本との平和条約を批准。あたしが生まれた直後の二十八日に、戦後七年近くにわたった連合国軍による占領が解除され、日本の主権が回復しました。それを考えると、今さらながらですが、長いこと生きているんだなあと実感します。

父方の祖父は職業軍人で、父も陸軍幼年学校を経て士官学校を卒業しましたが、出征して一年後に終戦を迎えて復員。地元の西日本鉄道（西鉄）に就職しました。佐賀県武雄市北方町出身の母とは大恋愛の末に職場結婚し、父の本家があった二日市に居を構えていたのです。

さきほど「見目麗しい女の子」などと申しましたが、実は取り上げてくれた助産師さんの第一声は「また、女の子ですよ」。この助産師さん、二つ年上の姉も取り上げた人でした。周囲から「次は男の子を」と期待されていた父はがっかりしたようです。

だからでしょうか。姉の名前は、詩人の高村光太郎ファンだった父が「智恵子抄」から取ってつけたんですが、あたしの名前は母から催促されて「昭和の和でいいだろう」と簡単につけたそうで。

男尊女卑を絵に描いたような話ですが、その四年後に弟が生まれたので、父も胸をなでおろしたこととは思います。でも、あたしはその後、「男の子に生まれればよかったのに」と言われるんですから、なんとも皮肉なものです。

初めて人前で「語り」らしきことをした記憶は、二日市から福岡市東区箱崎の坂本町に引っ越して通った幼稚園でのことでした。今もありますが、キリスト教系の「恵泉幼稚園」というところです。ハーダーという園長先生がいらっしゃいました。

クリスマスになると毎年、キリストの生誕劇をするのですが、姉は前の年に「東方の三賢人」の役でした。東の方から、生まれたばかりのキリストを拝みにやってくる三人で、まあまあ目立つ役なんです。

あたしは姉よりいい役が欲しくて、主役のマリア様を狙っていました。でも、マリア様役に決まったのは別の子でした。それがまた本当にかわいらしくて、それらしい子だったんです。だから文句も言わずに納得はしたんですが、悔しさは収まらない。

それに、あたしに振られた役は、出番の少ない天使。姉に負けたような気がしたんでしょうね。あまりにがっかりしているあたしを見るに見かねたのか、先生は合奏の指揮者を任せてくれました。それでもまだしょぼくれていたんでしょう。さらに紙芝居を読む役をくれたんです。

何の紙芝居かは忘れましたが、聖書にまつわる話だったと思います。それが一人で立って語った初舞台でした。あとで母から聞きましたが、結局、三つも役をもらえたので、幼い和子ちゃんは大満足していたそうです。

そんな風に、自己顕示欲は強かったようです。目立ちたがり屋だったんですね。でも半面、あからさまに自己主張するというわけでもなく、心の中に秘めて願っているタイプ。それは三人きょうだいの真ん中で、自分の言い分が通じなかったということが影響しているかもしれません。

姉とは年が近いせいか、よくけんかしました。じゃんけんでお菓子を分けることにしたのに、姉が先に大きいのを食べてしまう。文句を言うと叩かれる。それで父に告げ口すると「妹のくせに」と叱られ、弟とけんかすると今度は「お姉さんのくせに」と怒鳴られる。それでも自分のせいじゃないと言い張ると、父は「女のくせにうるさい」と言って、あたしを敷布団で巻いて押し入れに閉じ込めました。自力では脱出できないし、本当に怖かった記憶があります。よっぽどあたしがしつこく言い張ったからなのかもしれませんが、閉所恐怖症になったのは、そのせいじゃないかと思うくらいです。

姉がいい成績を取ってくると父は褒めていましたが、あたしの成績表には見向きもしません。弟が小学校でクラス委員になったら、父は大喜び。あたしは小学校でずっとクラス委員でしたが、一度も褒められたことはありませんでした。

どうしてなのかはわかりません。真ん中は損だなと思っていましたが、ひょっとすると、あたしがおてんばでおしゃべりだったから、図に乗らないようにしたんでしょうか。そりゃあ、幼稚園の頃、男の子と取っ組み合いのけんかをして泣かせたこともありますし、いたずらも大好きでしたよ。

幼稚園には西鉄の路面電車に一人で乗って通っていましたが、わざと大人の間に隠れるようにして降りるんです。車掌さんが「ただ乗り！」と追いかけてきたら、定期券を見せてあっかんべーして「持ってま〜す」。それを知った父は「俺がクビになるぞ」と激怒していましたね。父が勤める会社の電車なんですから、当然ですけど。

首から定期券を下げていた幼稚園の頃

その頃、気になる男の子がいました。柔らかそうな髪をなびかせ、指先は白くてほっそり。まるで白魚のようでした。ちなみにこれは、シラウオと読みます。福岡では春になると、半透明のシロウオ（素魚）の踊り食いが名物なんですが、違う魚だそうで。大きさも形も色もそっくりなんですけどね。

ここで突然ですけど、二〇〇三（平成十五）年に日本で放送された韓国ドラマ「冬のソナタ」を覚えていますか。あたしはあれからすっかり韓流にハマったんですが、どうしてこんなに好きになったのかと考えていて、ハッとしたんです。

幼稚園の彼が、主演のペ・ヨンジュンの雰囲気に似ていたんですよ。まあ、シラウオとシロウオみたいなもんですかね。え、こじつけ？　そうすると、あたしはチェ・ジウということになりますしね。ぜんぜん違う？　これは失礼致しました。

その彼とは家も近かったので、よく遊んでおりました。ある日、チョウチョ捕りをしようということになり、あたしは網を持ってあぜ道を歩いていました。夢中になってチョウチョを追いかけていたんですが、気づくと彼がいません。

どこに行ったんだろう。そう思って来た道を戻ると、泣き声がします。そっちに走っていくと、なんだか臭うのです。まさか！と思いましたが、悪い予感は的中でした。

みなさん、肥溜めはご存じですか。今どき都会はもちろん、田舎でもあまり見なくなりましたが、人の糞尿を腐らせて肥料にするためにためておく穴です。

彼はなんとその穴に落ちてしまっていたのです。あたしはもう、驚いて立ちすくむばかり。通りがかった近所のおばちゃんが助けてくれて、家に帰って行きました。

しばらくして、おそるおそる彼の家を訪ねると、お母さんがお風呂場で汚れ物をたらいで洗濯しながら怒っています。

「あんた、なんしよったとね、もう！」

しゃくりあげるばかりの彼を見ていると、かわいそうでかわいそうで。あたし、肥溜めがあることには気づいて避けて通ったんです。だから注意してあげればよかったなという罪悪感もあったし、見てはいけないものを見てしまった気持ちになりました。彼があたしに会うとそのことを思い出して傷つくんじゃないかとも思って、その一件があってからはなんとなく疎遠になってしまいました。

何を隠そう、これがあたしの「恋（肥）に落ちた」初恋の話でございます。パーン、パンパン。


ここで少し家族の話をしておきましょう。

父は猛烈サラリーマンで、亭主関白そのものでした。あたしたちきょうだいは、母のことを「おかあちゃま」と呼んでいたんですけど、なぜか父は自分のことを「パパ」と呼ばせていたんですよ。おかしいでしょ。当時は高級品だったライカのカメラを持っていたし、ハイカラを気取っていたのかもしれません。

新しもの好きで、テレビやクーラー、車も割と早いうちから買っていましたね。子どもの教育にもお金は惜しまない人で、あたしも姉も幼稚園からピアノを習っていましたし、弟もスイミングスクールに通っていました。

高度経済成長期でしたから、仕事熱心だった父は出世して給料もそれなりに増えていったのだと思います。不動産を扱う宅地部の部長になり、最後は西鉄の系列会社で、福岡市の中心部・天神にあった「福岡スポーツセンター」の社長になりました。大相撲九州場所やプロレスの興行があり、冬はアイススケートリンクになっていたところです。

プロ野球の西鉄ライオンズが最盛期だったので、父が手に入れた試合の招待券を学校の先生に渡すと、すごく喜ばれました。でも、あたしは野球を見ていてもなんでそんなに試合時間が長いのか、って思ってしまうんですよ。相撲も取り組みまでに時間がかかるし、ラグビーだって組んだと思ったらすぐ審判が手を挙げてストップして、やり直しになるでしょ。あたし、せっかちだから。ごめんなさい。

福岡スポーツセンターで見たフィギュアスケートのアイスショーには感動しました。スケーターがシャーッと滑ると、ライトに照らされた氷の粒がキラキラ光って。まるで夢の世界でした。そういうものが見られたのは、父のおかげですね。

父についてずっと謎だったのは、戦時中にどうしていたかということです。亡くなるまでほとんど話さなかったんですが、あたしが大学入学で上京する時に、父の古い柳行李を借りることになりまして。その中にゴーグルと白いマフラーが入っておりました。「ゼロ戦に乗ってたの?」って聞くと「いや、偵察飛行だった」と。

それから父の晩年に、一度も海外旅行したことのない母を連れて、サイパンに行ったことがあります。父は嫌々ながらついてきたんですが、日本軍が玉砕したとされる場所に行くと、どうしてもバスから出ないんです。なぜかと尋ねると「この海までは飛んできたから」と言って、あとは黙り込みました。

陸軍士官だった父には、部下を死なせてしまったことへの苦悩や、自分が生きて帰ってきたことへの後ろめたさみたいなものがあったんでしょうか。だけど、戦死していたらあたしたちは生まれてないわけですから、運命ってわからないものです。あたしは海を見ながら、亡くなった人たちに感謝を捧げてご冥福を祈りました。

母は戦時中、勤労奉仕する女子挺身隊員として佐賀から福岡に出てきて、西鉄電車で車掌をしていました。やはり戦争のことはあまり口にしませんでしたが、電車で勤務中に米軍機から機銃掃射された経験があると話してくれたことがあります。母は助かりましたが、同僚の女性が亡くなったそうです。

終戦を迎えても母は西鉄の仕事を続けていたんですが、その頃、復員して西鉄に入社して切符切りをしていた父と知り合ったようです。

二人の結婚については、父方の一族から猛反対されたと聞いています。理由はよくわかりません。父方はけっこう由緒ある家柄で、祖父は職業軍人でした。母方の祖父は時計職人でしたし、田舎暮らしででした。当時のことですから家柄が釣り合わないとか、いろいろあったんでしょう。その猛反対を押し切って、結婚したわけです。

ところが、あたしの目から見た母は、まるで女中扱いでした。父は家では「おい、風呂」「寝るぞ」ぐらいしか言いません。夕飯時に「まずい」と怒鳴っていたこともあります。それで母はわざわざ料理教室に通いました。

記憶にあるのは一九五九（昭和三十四）年九月、超大型の台風が日本に上陸した日の夜のこと。いつものように父は帰ってきません。その頃は平屋の二軒長屋のような社宅に住んでいましたので、浸水しても濡れないように居間の畳を上げて、一枚だけ残した畳に母ときょうだい三人、不安な一夜を過ごしました。濁流が床下に流れ込み、もう少しで畳ごと流されそうだったんです。

あとで知りましたが、全国で過去最悪となる五千人以上の犠牲者を出した伊勢湾台風でした。そんな時にも家にいないんですから、日頃は推して知るべしです。のちのち、母にその時の記憶を話すと泣いていました。

ですが、母はいつも三つ指ついて父を迎えるような人で、昔風の良妻賢母というか、大和撫子というか。父方の祖母、つまり姑に対しても従順すぎるほど従順でした。

母は和裁も洋裁もできたので、時々、洋服を縫って祖母に届けていました。でも、気位の高かった祖母は、一度も着なかったそうです。嫁として認めていなかったのかもしれません。あたしは母がみじめでかわいそうで仕方がありませんでした。

そんな母にも趣味がありました。社宅の狭い部屋に近所の奥様たちを集めて、編み物とか刺繡とか革細工の教室をよくやっていたんです。それも主催者ではなくて、お世話係というか場所を提供する係。習い事が好きだったんでしょうけど、母なりのストレス解消だったのかもしれませんね。

だけど、母にだって感情を抑えきれない時もありました。夜、欠けて使えなくなった茶碗を家の裏に持っていって、地面に投げつけながら泣くんです。もちろん、父がいない時にです。ある夜、家を出て行ったこともあります。追いかけていくと、国鉄（のちのJR）の線路に向かって歩いていて「死ぬ」と言うんですから、驚いて止めました。

子どもたちにはやさしい母でした。あたしが通った幼稚園には、つなげば首飾りになるプラスチックの小さな輪っかのおもちゃがありました。カラフルでとってもかわいいんです。あたしはそれが欲しくて、毎日少しずつ家に持って帰っていたんです。

それを母に見つかって「どうしたの」と聞かれて、あたしは泣きました。自分がみっともなくて。そしたら母は、同じおもちゃをたくさん買って、幼稚園に寄付したんです。そして家にあったものを燃やして「はい、もうないよ」って言ったんです。たぶん、あたしの罪の意識が心の傷にならないようにしてくれたんじゃないかなと思います。

父に押さえつけられながらも、そんな心配りをして育ててくれた母には、本当に感謝しています。だけど、あたしは「ただの奥さんになるのは、絶対嫌だ」と幼心に思っていました。だって母のように我慢しなきゃいけませんから。それに父は仕事で出世して暮らしは良くなっていきましたが、母の苦労が報われることはありません。

じゃあ、どうすればいいんだろう。その答えをくれたのが、母方の伯母でした。母は三人姉妹の真ん中で、伯母は長女。戦時中は満州に渡って看護師として働き、戦後は中学校の保健体育の先生でした。彼女が母の実家の家計を支えていたそうです。

この伯母が家を訪ねて来る時の姿が、本当にファッショナブルだったんです。当時、美智子さま(のちの上皇さま)が被っていらっしゃったような帽子でスーツ姿。憧れましたね。

イチゴのショートケーキをおみやげに買ってきてくれて。それもホールで。母だったらこんな時、羊羹なんだろうなと想像して、センスの違いに驚きました。

その頃、ダイヤモンドゲームというボードゲームが流行していて（今もありますけど）、母はいくら誘ってもやらなかったんですが、伯母はすぐ「やろうやろう」と乗ってくる。試しにボウリングに誘ったら面白がってやるし。何事にも前向きな伯母の姿を見て、自分も職業を持って自分の力で生きていきたいと思ったんです。

母は「女は結婚して子どもを産むのが幸せよ」と口癖のように言っていましたが、母の姿を見ていたあたしには、そうは思えなかった。それに、父からはいつも「女のくせに」と言われて、それに対する反発も大きかったと思います。

そんな家庭環境のせいか、元来の性格なのか、小学校に入ると負けん気の強さが顔を覗かせてきます。五年生までは、福岡市東区の筥松小学校に通っていました。五年の頃のことです。トイレ掃除の時間に、ふざけて女子にホースで水をかけている男子がいました。クラスに一人や二人、そういう悪さをする子、いますよね。みんなは見て見ぬふりです。でも、あたしは見過ごせません。「なんしようとね！」と突っかかっていったのです。ついには、取っ組み合いの大立ち回り。くんずほぐれつしながらも見事、敵を討ち果たしたのであります！　パーン、パンパン。

と、うまくいけばよかったのですが、その男子、クラスに戻るとあたしのカバンを三階の窓から放り投げてしまったんです。頭にきましたけど、けんかしてしまったばつの悪さもあるし、急に怖くなって、あたしはカバンを拾ってそのまま帰りました。

騒動を知った担任の先生から呼び出された母は、こう言われたそうです。

「女の子にしとくのはもったいないですね。男だったら……」

女だろうが男だろうが、困っている人に助け舟を出すのは当然だと思うんですが、あの時代は先生でもそういう価値観でした。もちろん、けんかはよくないですけどね。

最近、当時の同級生たちと話をする機会があって、あたしがよく車椅子の男の子を送り迎えしていたと言うんです。それで思い出したんですが、たしか足に大やけどをした男の子でした。彼の家までは少し距離があったんですが、朝は迎えに行き、帰りは送っていました。


六年になると、引っ越しして福岡市早良区の西新小学校に転校しました。そこで担任から最初に言われたのが「うちの学校に来ると、成績は必ず落ちますから」という言葉でした。

変なことを言うなあと思ったんですが、西新小学校の辺りは文教地区だったので、優秀な子が多いと言いたかったんでしょう。筥松小学校でのあたしの成績は、体育を除けばほとんど五段階評価でオール五でした。だから好意的に考えると、成績が落ちても気にするなという先生なりの気配りもあったのかもしれません。

でも、成績は落ちませんでした。すると先生がみんなの前で「樋口さんは、うちの学校に来て成績が落ちなかった初めての子です」と言うんです。それもなんか嫌味な感じなんですよ。五段階評価の頃は、最上位の評価五はクラスに五人とか決まっていたので、あたしが来たせいで成績が落ちた子がいるはずです。そんな子たちに恨まれるようなことをなんでわざわざ言うんだろうと思いましたね。先生は本当に褒めたつもりだったのかもしれませんが、あたしは複雑な気持ちでした。

クラスには女王様のような子がいました。校区には医者とか弁護士の家庭が多くて、彼女の周りにはそういう家の子が集まっていたんです。でも、あたしはそんなエレガントな感じじゃないし、どちらかというと裕福じゃない子や不良っぽい子に親近感がありました。それで、いつの間にかあたしの周りにグループができて、女王様グループとの間でいさかいが起きるようになってしまったんです。

それがとうとう、ある日のホームルームで議題になりました。「樋口さんが来たおかげでクラスが二分されてしまった」というんですよ。あたしにはそんな気は毛頭なくて、クラスの中心から外れていた子たちと仲良くしていただけなんですけど。ただ、それもあとから考えると、自己顕示欲の表れだったのかもしれません。

そんなあたしでしたが、講談につながるような芽生えもありました。友達の誕生日会やクリスマス会にお呼ばれすると、自作自演の「怪談話」を聞かせるんです。電気を消して、ろうそくをつけて。

タイトルは「赤いちり紙白いちり紙」。

ある男が女を殺し、死体をトイレに捨ててしまいます。犯行が発覚しないまま数年が過ぎたある日、男は偶然そのトイレに入ります。紙がないのに困った男は、仕方なく叫んでみました。

「おーい、紙」

女の声で返事が聞こえます。

「赤いちり紙がいいですか～。白いちり紙がいいですか～」

男は面白がって答えました。

「赤いのを」

すると、天井から真っ赤な血がポタポタと……。キャー（と友達の叫び声）。

でも、ここで終わりではありません。次に男が「白いのを」と言うと、便器の下から白い骸骨の手が伸びてきて……。キャー。

もうひとつ覚えているのは「ピアノ殺人事件」。双子のピアニストの話です。弟の才能に嫉妬した兄が、弟の演奏中にピアノのふたを閉めて手首を切り落とし、殺してしまいます。その後、ピアニストとして有名になった兄。ある夜、ピアノの音がするので部屋を覗き、ピアノのふたを開けると、鍵盤の上で手首だけが……。キャー。

みんなが怖がるのが面白くてやっていました。怪談が快感だったんですね。それで、いつの間にか「幽霊少女」というあだ名をつけられました。中学になっても怪談話を書くのは好きで、「へび女新聞」というタイトルをつけて友達に回し読みさせて。愛読書の「少女フレンド」で連載された「へび少女」(楳図かずお作)をもじってつけたタイトルです。

そうそう、誕生日会で思い出しました。あたしは友達をたくさん呼んで家で開きたかったんですが、いつも姉が反対するんです。「うちは貧乏なんだから」っていうのがその理由。西新小学校の頃は、社宅も二階建ての一軒家になったし、あたしにはそんな実感はありませんでした。でも、なぜか姉はいつも「身分不相応」とか「ぜいたく」だとか言って、あたしの誕生日会を阻止しようとするんです。

それでとうとう頭にきて、家出しました。大きな模造紙に「貧乏な家の子に生まれて不幸です。今度は金持ちの子に生まれてやる」と書いて、居間の壁に張っといてやりましたよ！　パーン、パンパン。

あ、失礼しました。拍手するようなところじゃないんですけど、熱が入りすぎましたね。

とにかく姉とは性格が正反対なんです。姉は内弁慶で、父に対しても強気でした。理由はわかりませんが、父のことを姉は「パン粉」と呼んでたし、太っていたので「ブタパン粉」と言うこともありました。長女の特権なんでしょうか。あたしにはとても言えませんでした。

でも、姉は外では借りてきた猫のようだったらしいです。小学校高学年で姉の担任だった先生が、あたしの担任になって「あのおとなしいお嬢さんの妹とは信じられん」と言うんです。そりゃあ、あたしはけんかもしたし、いつも遅刻ばっかりでしたけどね。

ピアノ事件というのもありました。姉もあたしも幼稚園から同じ先生に習っていて、すごく厳しい人だったんです。間違ったら手を叩かれるし。それで姉はさっさとやめてしまったんですが、あたしは叱られるのが悔しくて、おいおい泣きながら通いました。

家にはオルガンしかなかったので、鍵盤が足りない分を長細い紙に描いて練習しました。だからピアノが欲しくて欲しくて、小学生になって、毎年クリスマスと正月になると父に嘆願書を書いて渡していたんです。

そして六年の時、ダメもとで父に「大学を卒業したら返します」と書いた借用書を出して頼んだんです。そしたら「そんなに欲しいなら買ってやる」と言うではありませんか。いやあ、うれしかったですね。

ところが、その話が聞こえたんでしょうね、姉が二階から降りてきて言い放ちました。

「なんでピアノなんか買ってやると？　身分不相応なんだから、絶対許さん」

そして、ひと呼吸置いて「あたしにも、ピアノを買うのと同じだけお金ちょうだい」って言うんですよ。父はどうするのかと思っていたら翌日、現金で三十万円を姉に渡したんです。それを見て、すごい親父だなと思いましたよ。母を泣かせる父は嫌いでしたけど、やる時はやってくれるんだと、ちょっと見直しました。

ピアノはそれからも続けて、小学校の合唱

小学６年の頃。クリスマスパーティーで（中央）

ではいつも代表で弾かせてもらうぐらい上達しました。でも、中学三年の時にバレーをしていて右手の薬指を突き指して、筋が切れてしまって。ピアニストになるのは、泣く泣く諦めました（もちろん、プロになれるような腕じゃありませんでしたけど）。

そんな風に、習い事は始めると長続きするタイプなんです。ピアノのほかにもギターと習字を習っていましたし、中学の部活では合唱部と化学部に所属して、英語と数学の塾にも通っていました。だから時間が足りなくて、ピアノを弾きながら数学の問題を解き、テレビを横目にイヤホンでラジオの深夜放送「オールナイトニッポン」を聴くような……。

それでついたあだ名が「ながらの和子」でした。「ながら」がいいかどうかは別として、そういうお稽古好きは、母の血を引いているのかもしれません。それは成人してからも相変わらずで、講談でも役立つことになるんですが、その話はまたのちほど詳しく。

さて、中学は自宅から路面電車と徒歩で三十分ぐらいの百道中学校に通いました。近いんですけど、とにかく遅刻ばっかり。そのくせ、ノーベル平和賞を受賞したアルベルト・シュバイツァー博士のように、恵まれない人たちを助ける医者になりたいという、大それた夢を抱くようになっていました。

シュバイツァー博士はピアノやパイプオルガンが得意で、バッハの研究家でもありました。アフリカの村で医療活動して、その後は病院の資金援助のためにパイプオルガンの演奏活動をした人です。だから、あたしもピアノを弾きながら無医村で働く医者になろうと考えたんです。

父方の親類には医者が多かったので、その影響もあったと思います。だけど人生はままならないもので、思いもよらない道を行くことになるんですけどね。

小学生の頃は、女性で初めてノーベル物理学賞と化学賞を受賞したキュリー夫人（マリ・キュリー）や、女性初の宇宙飛行士ワレンチナ・テレシコワさんに憧れていました。とくに「女性初」という言葉には感動を覚えました。あたしは「女のくせに」と言われ続けていたので、活躍した女性たちに魅かれたのだと思います。

それででしょうか、中学三年になって、生徒会の役員選挙に立候補しました。会長は男、副会長は女というのが慣例だったので、副会長に。こう言うと信じてもらえないでしょうけど、本当は人前に立つのはそんなに好きじゃなかったんですよ。でも、内に秘めたものがあったんでしょうね。

選挙が始まりますと、候補者がそれぞれ公約というか、キャッチフレーズを掲げます。ほかの候補者はと言いますと「ベルマークを集めます」とか、「清掃して美しい学校に」とか、まともなものばかり。

そんな中で、あたしが掲げたのは「色は黒いが腹までは黒くない」。その頃は真っ黒に日焼けしていたので、それを逆手に取ったんですが、これが受けて人気は上々。選挙演説では打って変わって、大真面目に「自由でいられる学校に」と訴えかけ、見事、当選を果たしたのであります。パーン、パンパン。

とは言っても、校則違反でいつも立たされていて。それでやんちゃな生徒たちから妙に人気がありました。

第二章 青春期

時は一九六八（昭和四十三）年四月、あたしは福岡県立修猷館高校に入学しました。

この年、世界を見渡すとベトナム戦争が激化し、アメリカでは四月にマーティン・ルーサー・キング牧師が、六月にはジョン・F・ケネディ元大統領の弟、ロバート・ケネディ上院議員が暗殺されました。

十月にはアポロ七号が打ち上げられ、アメリカが初の有人宇宙飛行に成功。その頃日本では、川端康成が日本人初のノーベル文学賞を受賞するという明るいニュースもありましたが、十二月にはあの「三億円強奪事件」が東京都府中市で発生しています。

こうやって振り返ると、かなり激動の年だったようですね。でも、ちょっと不思議な感じもします。ケネディ兄弟については、講談師になってあたしが創作することになるモノローグ講談「マリリン・モンロー」に登場します。アポロ七号についても、あたしは科学技術庁参与と一般財団法人「日本宇宙フォーラム」理事を仰せつかることになるわけです

中学３年の頃。左から母、弟、姉、あたし。父が撮影

から。なにかの縁なのかもしれません。

そんな風に世の中は揺れ動いていたようですが、あたしは相変わらずの遅刻魔で、自宅から目と鼻の先の高校まで、父が通勤に使っていたタクシーやハイヤーに乗せてもらうことも度々でした。

修猷館は一七八四（天明四）年、福岡藩の藩校として創設された伝統校です。福岡県の公立高校では最難関で、当時はたしか生徒三百八十人のうち、女子は八十人しかいませんでしたので、よく合格できたなと思います。十クラスのうち半分は男子だけのクラスでしたし。最近は優秀な女子が増えて、男女がほぼ同数だと聞きますので心強いですね。

出身者には、大日本帝国憲法起草者の一人だった政治家の金子堅太郎、戦前の総理大臣だった広田弘毅らそうそうたる先輩方がいます。このお二方ともあたしは創作講談を作りました。

広田は、城山三郎の小説「落日燃ゆ」の主人公としても知られています。外交に重きを置いて戦争終結に努力したとされていますが、A級戦犯に指定され、東京裁判では沈黙を貫き、文官として唯一、絞首刑となりました。

挙げればきりがないのですが、政界では中野正剛、緒方竹虎、財界では安川財閥創始者の安川敬一郎、三井財閥総帥の團琢磨、作家の夢野久作らがいます。

近年は自民党副総裁だった山崎拓さん、福岡県知事だった小川洋さん、西日本フィナンシャルホールディングス会長の久保田勇夫さん。ライター・コラムニストのブレイディみかこさん、音楽プロデューサーの松尾潔さん、女優でモデルの井桁弘恵さんのご活躍はよく目にしますね。

入学するとまず、館歌の練習があります。いわゆる校歌ですね。詰め襟姿の応援団があたしたちの前に出て、「館歌、よお～い、はじめ」の掛け声で歌い出します。大声で歌えないと何度でも歌い直しさせられるんですが、あたしは練習が大好きでした。

何を隠そう、応援団に背が高くてカッコいい先輩がいたんです。あ、でもそれだけじゃないですよ。大声で歌うとすっきりするし、心が昂りますからね。そうそう、最近、母校で講演と講談をやらせていただいたんですが、女子が応援団長をしていて。それがまたカッコよくて、時代は変わったなあと感激しました。

今も歌い継がれる館歌の一番だけ紹介します。

「西のみ空に輝ける　星の徽章《しるし》よ永久《とことは》に
光栄《はえ》ある成績《いさお》飾らんと　海の内外陸《くが》の涯《はて》
皇国《みくに》の為に世の為に　尽くす館友幾多《いくそばく》」

一九二三（大正十二）年にできた歌ですから言葉は古めいていますが、要するに「世のため人のために尽くしなさい」という趣旨です。

「星の徽章」というのは、一八九四（明治二十七）年に制定された校章の六光星のこと。北極星をかたどった星の光に、将来を担う若者の希望を託す意味があるとされています。女子はこの六光星がセーラー服の背中に刺繍されていて、男子は学生服のボタンにデザインされています。ひと目で修猷館の学生だとわかるので、憧れでもあるし、悪いことをしたらすぐバレます。

校風は「不羈《ふき》独立」（何ものにも縛られず独立自尊の気概を持つこと）と「質朴剛健」（飾り気がなく素直で、心身共にたくましくあること）。そうした考えは、今もあたしの中に生きています。

校則もなく、生徒の自主性に任されていたので、性に合っていたなとつくづく思います。

「もうかり」という不思議な制度がありまして。例えば六時限目が先生の都合で休講になったとします。すると、五時限目の先生に休講をお願いするのです。五、六時限が休みになれば早く帰れますから。

あたしはその任務を果たす「もうかり委員」を買って出て、よく先生と交渉しておりました。真面目な生徒は「もうかり」になると自分で勉強していましたが、あたしはよくボ

修猷館高校時代。卓球部のユニフォーム姿で（手前右）

ウリングに行っていましたね。勉強も大事ですが、ストレス解消も大事です。

さて、入学するとすぐあたしは卓球部に入部しました。それまで気力だけはあったんですが、体力には自信がなくて。高校入学を機に一念発起、スポーツの部活動をやろうと思っていました。でも、足は速くないから陸上部じゃないし、ほかの部活も先輩がたくさんいてなんだか怖そうだし。迷っていたところに、ケメがいい話を聞き込んできたのです。

あ、ケメというのは西新小六年の頃からの親友です。あたしが筥松小から転入して、クラスが二分されてしまったという話を書きましたが、その時にケメはどちらの派にも属していなかったんです。でも、あたしに「目立ちたいんでしょ?」と言ったんですよ。そんな冷めたところが気に入って友達になりました。

本名は山下久美子なんですが、ちょうど高校に入学する直前に「ケメ子の歌」という、ちょっとコミックソングっぽい歌がヒットしていて。発音が似ているということで、誰かがそういうあだ名をつけたんです。

ケメはあたしのことを「ドク」と呼んでいました。あーなるほど、って勘違いしないでくださいね。「毒」じゃありませんよ。医者(ドクター)になりたいと言っていたからなんです。

ケメによると、卓球部は一年前にできたばかりで、女子の先輩は一人しかいないとのことでした。卓球が好きだったわけでもないんですけど、あたしにとってはちょうどいい条件だったわけです。

ところが、練習のきついこときついこと。連日の走り込みやサーキットトレーニングで、体は悲鳴を上げていました。ケメは腹筋も三十回ぐらいできるのに、あたしは十回もできません。夏休みになって練習時間が長くなると、熱を出して寝込んでしまいました。

うんうん唸りながら廊下を這っていって、母に「お水ちょうだい」と泣きついたんですが、なにもしてくれません。たぶん、父が「ほっとけ」と言ってたんでしょう。それであたしは日記帳に恨み言を書いて、居間の机の上に置いておきました。

「うちの親は親じゃない。看病もしてくれない鬼畜のような親だ」

母に甘えたい気持ちの裏返しだったんだと思います。でも、それを読んだ母は「もう卓球部はやめなさい」と言うではないですか。

それを聞いて、あたしの負けん気がさく裂します。なにを思ったか、家の前にあった外科の病院に駆け込んで「元気が出る薬をください」と医者に談判。その頃、そんな女子高生はあまりいなかったんでしょう。医者は目を白黒させながらも、ブドウ糖とビタミンの注射を打ってくれたのです。元気薬を覚えたあたしはなんとか部活を続け、一年後にはケメと同じぐらい腹筋もできるようになっておりました。パーン、パンパン。

だけど、部活で疲れるせいか、以前にも増して遅刻魔になりました。ある日、遅れて校門に入ろうとすると、まえがきに出てきたあの「消防」先生が待ち構えているではないですか。すごく真面目な先生で、朝から校門付近の掃除や生徒のチェックをしていたんですよ。

こりゃまずいと思ったあたしは、見つからないように校門を素通り。学校から北にしばらく歩くと百道浜という海岸があって、そこで時間をつぶして消防先生がいなくなるのを見計らって校門をくぐるという技を使っていました。

でも、一時限目は当然、欠席です。当時の同級生たちと同窓会で会うと「樋口はいつも一時限目はおらんかったもんね」と笑われます。席についても寝ぼけてぼーっとして窓の外を見ていたら、国語の先生からこう言われました。

「君はなにを見てるんだい？　恋する誰かのことを思ってるのかな」

しゃれたことを言う先生もいるもんだと思いましたね。今じゃセクハラかもしれませんけど。

あ、そうそう。消防先生の話には後日談があるんです。ゴミ箱の上に座っていて「女の子は女の子らしく」と言われたあたしは、どうしてもその真意が解せなくて、先生のお宅を訪ねたんです。どんな人なのか知りたくて。なぜかそういう行動力はあったんですね。

そしたら、消防先生はすごく照れ臭そうにしながら自宅に上げてくれました。その部屋を見て驚いたんですが、机の上に数学の「魔方陣」を証明するための本やらノートやらが積んであるんです。そう言えば、先生は「粘りだぜ」が口癖でした。自分で実践されていたんですね。

感動しました。あたしも数学が好きだったこともありますが、先生になっても研究を続けている姿勢が素晴らしいと思って。そんな人の口から出た言葉なんだから、よっぽど深い意味があるんだろうと思えてきました。だから、先生に改めて意味を問い直すのはやめました。

先生の頭の中には「女はこうあるべきだ」という固定観念があったのでしょう。だから、それを言ってくれたのは、あたしを責めるというより、先生なりのアドバイスのつもりだったのかなと思えてきました。先生はあたしの中に、自分が考える「女らしさ」とは違うなにかを見たのかもしれません。

それから半世紀以上が過ぎ、さまざまな経験を積んだ今では、女も男もなく「自分らしく」あればいいのだと解釈しています。

高校生の頃の記憶で今も鮮明なのは、二年になる前の春休みにケメと二人で出かけた旅行です。広島、愛媛、香川を二泊三日。その頃の修猷館には修学旅行がありませんでした。戦前は満州など中国大陸に行っていたそうです。でも、戦後になると東京や京都にはいずれ行くだろうからという理由で、廃止されたと聞きました。それなら二人で思い出を作ろうと出かけたわけです。

最後の夜は、夏目漱石の小説「坊ちゃん」の舞台となった松山市の道後温泉にしました。「親譲りの無鉄砲で子どもの時から損ばかりしている」という主人公の性格には親近感がありましたし。あたしの場合は「親譲り」どころか、反逆児でしたけど。

旅館の屋上から湯煙の街を眺めながら、二人で将来の夢を語り合いました。旅情も手伝って感情が昂ってきます。どちらからともなく、歌を口ずさみました。

「ひとりで行くんだ　幸せに背を向けて……青年は青年は　荒野をめざす」

ちょうど流行していた「青年は荒野をめざす」(ザ・フォーク・クルセダーズ)というフォークソングでした。

友にも恋人にも別れを告げ、大志を抱いて荒野を目指すという詞が、十代半ばの少女たちの胸に刺さります。最後は声を張り上げ、星空に向けて歌うのでした。パーン、パンパン。

その時はもちろん、想像もしていませんでしたけど、あたしは本当に「荒野」を目指してしまうことになるわけです。ケメも地元福岡を離れて大阪で大企業に就職し、女性管理職の草分けとして活躍しました。

そういえば彼女、結婚して一女をもうけましたが、すぐ離婚してしまいます。結婚式は有馬温泉だったんですが、当日夜、夫をほっといてあたしと一緒に泊まったんですよ。長続きしないわけです。そういう意味では彼女も荒野を目指したことになりますが、見事に自分の生き方を貫きました。

高校二年の夏休みには、荒野ならぬ途方もない頂への挑戦が待っていました。女子卓球部でただ一人の先輩だった部長が、夏の鍛錬と称して福岡、大分の県境にある英彦山への登山を計画したのです。彼女はとってもタフだったので、あたしたちはタフな部長「タフぶー」と呼んでいました。

英彦山は山伏が修行した「日本三大修験山」として知られる標高一一九九メートルの山です。それほど険しい山ではありませんが、登山初心者のあたしは「暑い暑い」とぼやくばかり。ケメから「ドク、暑いと言えば涼しくなるの?」と叱咤されながら登り始めました。ところが、しばらくすると一天にわかにかき曇り、土砂降りの様相となりました。台風が来ていたんです。引き返すかなと思いきや、そこはタフぶー。決行すると言うではありませんか。しかも先頭はあたし、二番手がケメ、しんがりがタフぶーです。一番先に脱落しそうなあたしを先頭にしたんです。

　ほかの登山客が引き返す中、仕方なくとぼとぼ歩いていると、若い男性たちのグループが追い越していきます。九州大学の学生さんたちでした。あたしたちを見るに見かねたのか「あとをついておいで」と声をかけてくれました。

　それからはもう必死です。前を行く男性の登山靴を見失うと、取り残されるかもしれません。少し離れただけでも、先が見えないほどの雨です。その恐怖が足を動かしました。頂上にたどり着いた時にはヘロヘロでした。

　中腹にある英彦山神宮まで下りてきて、近くのお寺に無理やり頼み込んで泊めてもらいました。泥のように眠りましたが、翌朝になると足がパンパンに腫れています。ずっと雨

高校時代、卓球部のトレーニングで英彦山登山

に浸かっていたので、ふやけてしまったんでしょうか。登山靴が足に入らず、お寺のスリッパを借りて下山しました。

でも、これで登山に懲りたかというと、そうではなくて逆に達成感を覚えてしまって。講談師になってからも、常連のお客様と一緒に「ヤッホー紅隊」と名付けて登山を楽しみました。膝を悪くしてから控えていますけど。

三年になると、人生初の出来事が待っていました。なんと、テレビ出演です。福岡市のKBC九州朝日放送で「パンチヤングFUKUOKA」という公開バラエティ番組がありました。タレントの長沢純さんの司会で人気だったんですが、年に一度、ミスコンテストを開催していたんです。

ははぁ、さては目立ちたがり屋の紅さん、そのミスコンに応募したんだなと思われるでしょ。それはそうなんですが、理由はそれだけじゃないんです。優勝すると、好きな芸能人とデートできるというのが企画の売りだったんですよ。

実はその頃あたしは、デビューしたばかりのアイドル歌手、にしきのあきら（のちの錦野旦）さんの大ファン。あの精悍なマスクで甘く歌い上げるデビュー曲「もう恋なのか」にぞっこんで。ファンクラブに入って、コンサートにも出かけていました。

だからどうしても優勝したくて、ギターの曲弾きをやりました。ギターを寝かせて琴のように弾いたり、頭の後ろに抱えたりしながらの熱演です。会場の受けもよくて、これはやったかなと思いました。でも結果は準ミス。あと一歩で手は届きませんでした。だけど、芸で人を楽しませる快感を知ったのは、その時かもしれません。

さて、そうこうしているうちに大学受験を迎えます。シュバイツァー博士みたいな医者になることを夢見ていたあたしは、医学部を受験しますが、あえなく失敗。大学浪人となりました。そして悪いことは続くもの。人生を一変させる悪夢が待っていたのです。

忘れもしません。その頃、お付き合いしていた同級生がいました。手をつないで登校したこともあるくらいで、それはもう大好きな人でした。彼も受験に失敗したので、二人で励まし合いながら頑張れると思っていました。

ところが、秋風が吹き始めた頃、彼の口から予想もしない言葉を告げられます。

「俺、好きな人ができた。勉強にも専念したいから」

好きな人が、というあとの言葉は耳に入りません。いったい誰？　誰なの？と問い詰めて返ってきた答えはなんと……。

「天地真理」

あまちまり。一瞬、なんのことかわかりませんでした。

ご存じない若い方のためにミニ解説しますと、天地真理さんは堺正章さんや森光子さんが出演するテレビの人気ドラマ「時間ですよ」に「隣のまりちゃん」役で出演して一躍、国民的アイドルになった歌手です。

ドラマの舞台だった「松の湯」の隣家の窓辺で、白いギターを弾きながら歌う姿に、堺正章さんが憧れるという設定でした。「水色の恋」とか「恋する夏の日」という歌が大ヒットしました。

そりゃあ、可憐な人でしたよ。今風に言うなら、彼にとっては「推し」だったのかもしれません。でも「推し」が好きだから彼女に別れを告げる、ということがあるんでしょうか。もしかしたら、別れたいがための「嘘も方便」だったのかもしれません。

だけど、あたしは納得できません。勉強も手につかず、彼への思いだけが頭を巡ります。これじゃあ、どうしようもない。どうやってでも、彼を取り戻したい。もう一度、話がしたい。今考えると、精神状態が普通じゃなかったのかもしれません。

ある夕暮れ時、あたしは彼の家を訪ねました。妹さんが出てきて、留守だと言います。ガレージを見ると車がありません。彼は浪人して運転免許を取っていました。車で出かけたのだと思い、帰宅するまで外で待つことにしました。

幹線道路から少し入った路地。彼の車が戻ってきました。もう、いても立ってもいられません。あたしは道に飛び出しました。

次の瞬間、急ブレーキの音がして車が止まりました。降りてきた彼は、車の前に座り込んだあたしを見下ろしながら、こう言いました。

「飛び込むなら、ほかの車にしてくれん？」

まさかの言葉に、すーっと血の気が引いていくのがわかりました。

後日、彼の妹さんから分厚い封筒が届きました。「兄のことは忘れてください。もう悲しまないで頑張ってください」と書かれた便箋の文字をよく覚えています。たぶん、あたしが車に飛び込むところを見ていたんでしょう。そして、なぜか美しい飾り絵皿が同封してありました。

きっとあたしを慰めようとして、送ってくれたんでしょう。やさしい妹さんでした。でもね、その絵皿が割れていたんですよ。きちんと包装されていなかったようでした。

それを見て、あたしは映画「風と共に去りぬ」を思い出しました。大好きな映画で、何度も見ていました。ヴィヴィアン・リーとクラーク・ゲーブル主演で、アカデミー賞受賞作。クラーク・ゲーブルはあたしの理想の男性でした。

作品は、南北戦争下のアメリカ南部で、美しく気性の激しいスカーレット・オハラの半生を描いたマーガレット・ミッチェルの小説が原作です。
ラストシーンで、妻スカーレット（ヴィヴィアン・リー）に振り回されてきた夫レット・バトラー（クラーク・ゲーブル）は、家を去っていきます。ようやく夫への愛に気づき、泣いてすがるスカーレット。原作ではレット・バトラーがこう言うんです。
「壊れたものは壊れたものさ」（What's broken is broken）
そうか。もう、元には戻らないんだな。壊れた絵皿を見ながらしみじみと思いました。
映画では、故郷に帰って夫を取り戻そうと考えるスカーレットが最後にこう言います。
「明日は明日の風が吹く」（After all, tomorrow is another day）
希望を持たせる終わり方なんです。そうよね、明日は明日の風が吹く。パーン、パンパン。

え～、とはいうものの、あたしが思い描いていた「明日」は来ません。悶々としながら引きこもりのような浪人生活を送っておりました。
すると、中学からの親友が、当たるという評判の占い師のところに連れて行ってくれました。彼女のあだ名はツコイガー。本名は山崎祐子なんですが、色が白くて痩せていたから、骸骨を逆さまにしてそう呼んでいたんです。なんか戦隊もののヒーローみたいでカッコいいでしょ。

中学の頃、親とけんかして家出した時は、いつもツコイガーの家に泊まっていました。彼女は江戸川乱歩の「人間椅子」とか「屋根裏の散歩者」のような奇怪な話が好きで。怪談話が好きだったあたしとは気が合ったんです。

念力にも凝っていましたね。天井の照明からぶら下がっているヒモの先にギターの弦を結び付けて、その下に寝っ転がって「揺れろ」とか「右に回れ」とか念じるんです。それで精神集中して、伏せたトランプのカードを当てっこすると、意外に当たるんですよ。他愛のない遊びですが、思春期ってそんなものですよね。

占い師がいたのは、繁華街・中洲の入り口。ツコイガーにも好きな人がいて、彼との今後を聞いたんですが、「別れる」とあっさり言われてショックを受けていました。あたしは受験する医学部の合否を尋ねました。すると、占い師は「不定。合格するが、進むべき道ではないようだ」と言うじゃないですか。ますます悶々としてきて、散々でした。

そんな時でした。なんとなく見ていたテレビに、美輪明宏（当時は丸山明宏）さんが出演していました。あたし、ファンだったんです。当時は「双頭の鷲」（ジャン・コクトー作、三島由紀夫監修）というお芝居をやってらっしゃって。それで「あなたは役者ですか？歌手ですか？」って聞かれて「役者です」と答えられたんです。

その理由に、あたしはハッとしました。人間の寿命は限られているけど、役者は演じることでその役を生きることができる。「人の何倍もの人生を生きられるから、私は役者です」と。「これだ」と思いましたね。失恋で自分の気持ちをコントロールできないような自分が医者にはなれない。とりあえず役者になって自分を見定めようと思ったんです。

それまで本格的な芝居を見たことはほとんどないし、役者に興味を持ったこともありませんでしたが、この「何倍もの人生」という表現が心に刺さりました。ほかに理由はありません。でも、思い込んだらすぐ行動するのが紅流です。あ、まだ樋口和子ですけどね。

さっそく図書館で調べて浮かんできたのが「早稲田大学」というキーワードでした。「自由舞台」とか「早稲田小劇場」という劇団が誕生したところですし、学生演劇が盛んでした。よし、早稲田に行って演劇をやろう。それが新たな目標になりました。

ところが、両親はあたしが医学部に進むものだと思っています。そこで、早稲田は滑り止めだということにして、表向きの本命は広島大学医学部にしました。早稲田で受験したのは商学部。得意だった数学が受験科目に入っていたからです。

早稲田の入学試験当日を迎えました。すいすいと数学を解いていたんですが、試験監督が泡を食って教室に駆け込んできました。どうやら問題に間違いがあったようで、黒板に修正した問題を書いていくのです。それが二度どころか三度もあって、解答時間が足りません。

　あたしはもう頭にきて、答案用紙の裏に総長宛ての抗議文を書きました。

「問題が三回も間違っており、解答時間が足りませんでした。受験生をなんだと思っているんですかパーン、パンパン。

　とまあ、威勢はよかったんですが、合格発表の当日は諦めていました。だってあんなことを書いたら受かるわけがないと思っていましたから。ところが、結果は合格。例の間違っていた問題は、全員正解にすることになったそうなんです。これを「災い転じて福となす」と言えばいいんでしょうかね。

　でも、早稲田に行くためには、もう一つクリアしなくてはならないことがありますよね。そうです。広島大学です。試験は好調で、このままだと受かってしまうかもしれないと思ったあたしは、一計を案じました。

　数学の問題を一問解かなかったのです。両親には悪いと思いましたが、仕方がない。なんとしても早稲田に行って役者になるためなんですから。結果は見事に不合格。あたしの早稲田大学商学部への入学が決まりました。

　一九七二（昭和四十七）年春、あたしは特急列車で博多から東京へ向かいました。チッキと呼ばれていた「荷物車」に布団を預け、膝の上にはにしきのあきらさんの二枚組ＬＰ

レコードを抱えて。山陽新幹線が博多まで乗り入れするのは、それから三年後のことです。

第三章　大学・文学座

早稲田の入学式が終わると、あたしはさっそく演劇研究会（劇研）の門を叩きました。娘の東京暮らしを心配して上京した母も一緒です。先輩は入学当日の入部に驚きつつ、挨拶する母を見て「お母さん同伴とは。そんな新入生、聞いたことないよ」と二度びっくり。別に過保護というわけではなくて、母は何も知らずについてきただけだったんですけどね。

下宿は、西武新宿線の井荻駅から歩いて十分ほどのところにありました。二階建ての立派な日本家屋でした。西武新宿線は大学のキャンパスがある高田馬場まで直通なので、沿線に住んでいる早稲田の学生も多かったですね。

あたしも大学の学生課で案内を見て、いくつか見て回ったんですが、仕送りで借りられるのはジメジメした狭い部屋ばかり。ドラマで見るような都会の優雅な一人暮らしはとても無理だと悟って、間借りを選んだのでした。

その中で「早稲田の女子学生に限る」と書かれていたのが、井荻のお宅。興味津々で伺

早稲田大学1年、劇研時代は
ベレー帽がトレードマークだった

うと、大家さんはお茶とお花の先生をされている上品な方でした。ご主人に先立たれて一人暮らし。息子さん二人が早稲田卒なので「娘のような気持ちで」早稲田の女子学生に限って初めて部屋を貸すことにしたということでした。

二階に二部屋あり、入居したのはあたしと徳島出身で教育学部の洋子さん。アナウンス研究会に入った彼女とはすぐ仲良しになりました。その後、徳島で二〇〇三（平成十五）年に講演した時に訪ねてきてくれて「かわってないね」と言ってくれたのがうれしかったです。

　さて、下宿と言っても今の若い人は想像できないと思いますが、普通の家に同居するわけです。玄関も廊下もトイレも共同。そうそう、お風呂は生まれて初めて銭湯に行きました。勝手がわからず入り口に立っていると、洗い場にいたおばちゃんが「ほら、ここにおいで」と入れてくれて。東京にも人情はあるんだなと思いましたね。

　下宿には、いろいろルールがありました。廊下がヒノキ造りなので、洗濯物のしずくが落ちないように。階段は静かに。ベランダの物干しを使う時は、下着は外から見えないように手前に干す。門限は午後十時を厳守する、などなど。

　わかる。おっしゃることはわかります。でも、守れるはずがありません。演劇まっしぐら、それしか頭になくて部屋の掃除もままならないあたしです。そんなことに気が回るわけもなく、稽古を終えて帰宅するのも銭湯が閉まる寸前。おじさんが洗い場を掃除しに入ってくるのを見て、慌てて湯舟から上がるくらいでしたから、門限破りの常習犯でした。

　加えて、連日のように高校時代の友人たちが押しかけ、狭い部屋にいったい何人が住んでいるのかわからなくなるありさまで……。

　三カ月ほど過ぎたある日、あたしは大家さんに呼び出されました。

「お貸ししたのは、お一人のはずです」

口調は静かでしたが、上品な大和撫子の目が三角に吊り上がっています。「娘のような気持ちで」とおっしゃっていただいた好意に甘えたあたしが悪い。こりゃもうだめだ。大家さんに迷惑をかけるよりも自由を求めよう、と引っ越しを決意します。また敷金礼金がかかりますが、親になんとかかんとか言って出してもらいました。

引っ越し先は、井荻から二駅、高田馬場寄りの鷺ノ宮。友人たちの手伝いで、リヤカーに荷物を乗せて運びました。古い木造の平屋アパートで、住人は女性ばかり四人。あたしのほかは会社員でした。トイレ、洗面所とも共同で、掃除当番が回ってくるのですが、例のごとくあたしはよく忘れていて、隣のお姉さんから叱られていました。

ここで不思議なことがありました。

演劇の稽古が終わって帰宅する時、あたしの楽しみは鷺ノ宮駅前の喫茶店で買うケーキでした。体力を使い果たしているので、甘いものが欲しかったんです。それで部屋に帰って紅茶を入れ、さあ食べようとフォークを入れると、決まって隣のお姉さんが覗きにくるのです。

そして、部屋を見回して洋服や電化製品のことを細かく聞いてきます。大学生のあたしに関心があったのかもしれませんが、薄い壁一枚しかないアパート暮らしにプライバシーはないものだと諦めかけていました。

そんなある日、外泊してアパートに帰ると、お姉さんが「昨日、お友達が部屋に来てたよ」と言います。ああ、鍵のありかを知っている劇研の女友達だろうと思って部屋に入ると、扇風機が回ってヒンヤリしています。

あ、モーターが焼き切れてしまうと思って、羽根の後ろに手を当てましたが、冷たいままです。それで試しに一昼夜、扇風機を回しっぱなしにしてみると、火が出るように熱くなっているではないですか。

いったい誰が部屋に入って扇風機をつけたのか。劇研の女友達に聞いてみましたが、彼女は来ていないと言うのです。さては、と推理を巡らせてアパートの別の住人に、それとなく隣のお姉さんの素性を聞いてみました。すると「そんな人住んでないよ。あそこは空き部屋だし」と怪訝そうな顔で言うではないですか。パーン、パンパン。

はい、ここは拍手というより背筋がぞーッとするところですね。まあ、最後はあたしが付け足した怪談話なんですが、扇風機の話は本当です。いまだに誰が部屋に入ってきたのか、謎は解けておりません。

話を劇研に戻しましょう。部室は大隈講堂の裏手にありまして、稽古場は「劇研アトリエ」と呼ばれていました。実は劇研はあたしが入部する前年に「劇研」と「劇団 暫《しばらく》」に分裂して、稽古場を交互に使っていたんです。先輩たちが自ら作ったブロックを積み上げたと聞いて驚きましたが、しっかりした建物でした。

劇研と劇団暫では、随分と演劇の方向性が違っていました。劇研はオーソドックスなスタイル。「スタニスラフスキーシステム」という演劇の基礎をしっかり学びます。これはロシアの演出家コンスタンチン・スタニスラフスキーが開発した手法で、今も使われています。

その役をただ演じるのではなく、役の感情を心で体験して役になりきることを重視します。そのためには自己解放、自己分析をして、過去の体験やその時の感情を思い出して、自分を役に重ね合わせることが大切です。

あとは走り込み、柔軟、腕立て伏せなどの肉体訓練と発声練習の繰り返しです。滑舌をよくするための早口言葉は、いろいろやりました。

「ぶぐばぐぶぐばぐみぶぐばぐ、あわせてぶぐばぐむぶぐばぐ」

おなじみの「東京特許許可局」から「お綾や親にお謝り」、そして長台詞《ながぜりふ》の練習によく使われる歌舞伎の「外郎売《ういろううり》」まで。これで毎日二時間はかかります。

新入生は十人ほど入部しましたが、あたしは一番目に入部したので訓練のリーダーとして、同学年の後輩たちを徹底的にしごきました。プロの役者になって、あたしを振ったあの人を見返してやりたいという思いが燃え盛っていたのかもしれません。

それで、ついたあだ名が「劇研の過激派」でした。ちょうど入学した年の二月、長野県軽井沢町で「あさま山荘事件」という陰惨な出来事がありました。連合赤軍の残党が人質を盾に山荘に立てこもり、三人の死者を出して日本中が騒然となった事件です。

七十年安保闘争が終わって学生運動は下火になっていましたが、学内にはまだ学生たちが書いた「立て看」があちこちにありました。あたしはそんな政治運動には興味ありませんでしたけど、指導する顔がよほど怖かったんでしょうか。連合赤軍の女性リーダーの名前で呼ばれていました。

そんな日々を送りながら、夏休みがやってきました。劇研では恒例の新人公演が予定されていて、あたしは「劇的なるものをめぐってII」という芝居に参加することになっていました。演出家の鈴木忠志さんが主宰する劇団「早稲田小劇場」の代表作のひとつです。

早稲田小劇場では俳優の白石加代子さんが主役で、あたしも見に行きました。義理、人情、愛情にがんじがらめに縛られ、苦悶の表情を浮かべる女。出刃包丁を研ぎながらの独特の台詞回しと、目を寄せた奇怪な表情に圧倒されました。

「狂気女優」と呼ばれた白石さん。一九七〇（昭和四十五）年の初演では、出刃包丁の手元が狂って眉間から血を流しながら、けたたましい笑い声を上げた場面が語り草になっていました。筋らしい筋はないのです。ただ、これはいったい何なのだろうと引きずり込まれていきます。

あたしはなんと、その白石さんが演じた役をやることになったのです。とにかく必死でやるしかありません。どうやったか覚えていないほどです。その芝居を劇作家で演出家のつかこうへいさんが見にきていました。残念ながらもう亡くなってしまいましたが、「熱海殺人事件」「蒲田行進曲」などの名作を数多く残すことになる人です。その頃から詩人として雑誌に載っていたし、演劇仲間たちはみんな尊敬の眼差しで見ていました。

当時は鈴木さんのもとで演出助手をされていたんです。

公演後、喫茶店で反省会がありました。つかさんは、あたしにこう言ったんです。

「君、アイスクリームの壊れる音って聞いたことある?」

あっけにとられていると、マッチ箱を落として「あ、ダンヒルが落ちた」。その頃、ダンヒルの高級ライターが流行っていたからなんでしょうけど、とにかく人の注目を集めることにかけては天才的でした。

そして、役者たちに感想を話したあと、あたしをじっと見ました。

「君はなにかに恨みを持っているようだな。その恨みつらみで演じていただろ」

心臓をぐっとつかまれた気がしました。そうです。その通りです。自分を捨てた男に復讐してやりたい。演じるうちに、その気持ちが役に乗り移っていたのです。

あたしの頬を涙がほろほろと流れました。ずっと張りつめてきた糸が切れたんでしょうね。そして、まるで憑き物が落ちたかのように、すがすがしい気持ちになりました。「恨み」を演じることで、ようやくあの彼を卒業できたのかもしれません。パーン、パンパン。

劇団暫の稽古は時々覗いていたんですが、とても風変わりでした。脚立を頭の上に抱え上げて「六方《ろっぽう》」を踏むとか。六方というのは、歌舞伎で弁慶が花道を走る時にする所作のことです。あとはストリップしながら踊ったり、コントだったり、いろんなことをやっていました。

新入生には、のちに個性派俳優として名を成す平田満さんや三浦洋一さんがいました。みんなギラギラしていて、本当に魅力的でした。

彼らを指導していたのが、つかさん。稽古中は、つかさんが設定だけ考えてあとは役者が台詞を作っていく。すると「それ、いただき」という風にいつの間にか話が出来上がっていくんです。あたしが見たのは、こんな感じでした。

つかさん「森永乳業の宣伝をしてみろ」

平田さん「今朝、明治乳業がつぶれました！」

つかさん「よし！」

（明治乳業さん、ごめんなさいね。あくまで作り話ですから）

こんなのもありました。郵便局の劇で、役者を局長と職員に分けて自由にお芝居させる。
局長「（封筒を手に）この子の大学入試、受かってるのかなあ」
職員「中を見るわけにはいきませんが、もし落ちていたらと仮定して、予備校のパンフレットを一緒に入れちゃいましょうよ」
局長「そりゃあいいね」
これが発展して、のちに「郵便屋さんちょっと」という作品になりました。演出も独特で、劇的なシーンになると、つのだ☆ひろさんが歌っていた「メリー・ジェーン」をかけながら台詞を言わせて盛り上がっていましたね。

つかさんは、よく子どもの頃の話をしていました。出身は、偶然ですがあたしと同じ福岡県。つかさんの地元は炭鉱で栄えた筑豊地区の嘉麻市というところです。両親は学校の先生で、テレビドラマは初めの方しか見せてくれずに、部屋から出されたそうです。
ドラマが終わった頃、お父さんから「どんな筋になるか言ってみろ」と聞かれます。答えると、テレビを見ていたお母さんがふすまを開けて「正解！」とおっしゃるんだそうで。

よくできた話でしょう？　そうやって、作家としての想像力を養われたとおっしゃっていました。それが本当のことなのか、あるいはつかさん流の創作なのか。あたしには正直、よくわかりませんでした。

そんな言葉の魔術師、つかさんの魅力にあたしは取りつかれました。今も、つか作品を上演してくれる「劇団扉座」の舞台を見ています。二〇二三（令和五）年には「二代目はクリスチャン－ALL YOU NEED IS PASSION 2023－」を見ました。扉座の主宰は、劇作家で演出家の横内謙介さん。早稲田の後輩です。

今の学生さんたちは、あんまりお酒を飲まなくなったと聞きますが、あたしたちの頃はそりゃあよく飲みました。稽古で肉体訓練や発声訓練に明け暮れたあとの一杯は格別です。高田馬場辺りには学生向けの安い酒場が五万とありましたから、毎晩遅くまで芝居談義に花を咲かせておりました。

誰かが「仕送りが入った」とでも言おうものなら、こぞって繰り出します。あたしへの一カ月分の仕送りも、半月ももちません。焼酎をその頃流行りの「ホッピー」で割って、ぐいぐいやっていました。ホッピーは今もありますが、ビールに近い炭酸飲料で安かったんです。おかげさまで、あたしは酒に強くなりまして、これがのちのち役に立ちます。

とはいうものの、先立つものがなくなれば、あとは水を飲んで我慢する日々。なんとかして稼がなくては生きていけません。劇研の先輩に相談したら、アルバイトを紹介してくれました。それが歌舞伎町にあった新宿コマ劇場の売店でした。

雑誌や雑貨が置いてありましたが、なかには透明なビニール袋の中に入った本もありました。あたしはそれがなんだか気にもしてなかったんですが、ある日、お客のおじさんからこう言われたのです。

「お姉ちゃん、これがなんの本だか知ってるのかい？」

「さあ……」と答えると、ニヤニヤしながら「ビニ本っていうんだよ」と言うではないですか。さすがのあたしも、それで気づきました。女性のヌードが売り物の雑誌でした。

そのことを知った父は「そんなバイト、すぐやめろ。やめんと仕送りはせん」と電話口で烈火のごとく怒っていました。その頃、歌舞伎町では暴力団の抗争が新聞記事になっていて、父の心配も無理のないことでした。

それでまた先輩に相談すると、日本橋の老舗うなぎ屋さんを紹介してくれました。まずは器洗いから。立派な漆塗りの重箱をぬるま湯につけて二度洗い、二度拭き。これができるようになったら、器にご飯を盛って、タレかけまでさせてもらえるようになります。

老舗だけに、ご飯の炊き方にもこだわりがありました。一升炊きの大きな釜なんですが、お店の奥さんが「ダメ」と言ったら炊き直しです。「シャリが立ってない」というわけなんですが、職人の世界の厳しさを知りました。それは講談の世界で嫌というほど思い知らされることになります。

うなぎ屋さんだから「まかない」でうなぎが食べられると少し期待していたんですが、それは全くなし。でも、板さんが焼いてくれる魚は本当においしかった。一年ほどお世話になっただけですが、講談師になってしばらくしてお店に呼んでくださり、店主の一代記を創作して一席話したこともあります。ありがたかったですね。

演劇の稽古とアルバイトで月日は流れ、あっという間に入学して最初の正月がやってきました。あたしは福岡に帰郷しましたが、東京ではいつも飢えていたので、とにかくガツガツ食べました。母の手作りのおはぎ、大好物の博多銘菓「鶏卵素麺」、高校時代によく食べた西新の蜂楽饅頭……。

ところが調子に乗って食べ過ぎておなかを壊し、大学の授業再開に間に合いませんでした。実は早稲田に合格して上京する時、あたしは「自分で稼げるようになるまでは帰らない」と胸に誓ったはず、なのです。それがいつの間にか、この体たらく。

こんなことではいかん、と心機一転。東京に戻ってから新たな目標を見定めました。それが「文学座」の劇団員になることでした。東京では俳優座、民芸、紅テント、黒テント、自由劇場などいろんな芝居を見ましたが、一番魅かれたのが文学座でした。なんといっても、代表作「女の一生」をはじめとして、日本を代表する女優として活躍されていた座長の杉村春子さんがいらっしゃいましたから。それに俳優陣は太地喜和子さん、江守徹さん、北村和夫さんなど芸達者がそろっていました。

時は一九七三(昭和四十八)年三月、あたしは文学座付属演劇研究所の試験を受けました。劇団員になるにはまず、この研究所に入らなくてはなりません。二千人が受験して、合格者は百人。競争率は二十倍という難関です。

試験は一般常識の筆記とエチュード、それに歌、リズム感のチェックです。エチュードは、状況設定だけして即興で演技します。いくつかの設定から選べるんですが、あたしは「部屋に入って机の上の手紙を読み、血相を変えて出ていく」というのをやりました。

それにしても緊張しました。舞台で演じるのとは違って、周囲に競争相手がいるわけですから、誰もが上手そうに見えます。それで、エチュードの前に周りを観察しながら「あたしのほかに合格しそうなのは、この人とあの人かな」と考えたんです。

「あたしは合格している」と思い込むことで、自信を保つことができたような気がします。これ、受験生のみなさんも使える心理的テクニックかもしれません。役に立たなかったらごめんなさいね。

そして、結果は見事に合格！　大学の合格よりもずっとうれしかったですね。思わず「バンザイ！」と叫んでおりました。パーン、パンパン。

ただ、問題は大学をどうするか。担任だった中国語の教授に相談すると、ひと言。

「二兎を追う者、一兎をも得ず」

よくぞ言ってくださった。吹っ切れたあたしは、早稲田に休学届を出しました。


演劇研究所は新宿区信濃町にありました。昼と夜のクラスがあり、あたしは昼のクラス。集まった研究生五十人は一癖も二癖もありそうな顔ばかりでしたが、特に目立つ人がいました。長身でよれよれのジーンズにぼさぼさの髪、垂れ目の笑顔がチャーミングないかにも好青年。それが中村雅俊さんでした。

研究所では四人グループを組むのですが、彼とは出席簿の順が近かったので、同じ組になりました。ある日、こんなエチュードをやりました。「無人島で救助を待つ人。ヘリコプターが来て必死に手を振る」という設定です。

彼は「おーい」と声を出したんですが、そのあと照れて「えへへ」と頭をかくんですよ。でも、それがまたなんとも言えず魅力的で。先生も「こらっ」と言ったあと、つられて笑い出すほど。スター性とはそういうものなんでしょうね。演劇を理論でとらえようとしていたあたしとは大違いでした。

ギターやピアノを弾き語りすることもあったので、誰に習ったのかと尋ねると「独学っす」と言うんです。あたしも長いことピアノを習いましたが、楽譜を見ないと弾けません。なのに、見よう見まねでさらりと弾いてしまうし、その姿がまたカッコよくて。

夏になって、彼はテレビドラマのオーディションに合格し、主役に抜擢されました。翌一九七四（昭和四十九）年放送の「われら青春！」の先生役です。合格が発表された時は、クラス全員から拍手が起こりました。ほかにもオーディションを受けて不合格になった人がいて、ふつうならやっかみもあると思うんですが、彼の人徳というものですね。

その後、彼はスター街道をまっしぐら。ですが、その人柄は変わりませんでした。一九七七（昭和五十二）年にNHK大河ドラマ「花神」に高杉晋作役で出演された時のこと。あたしは山県有朋役の西田敏行さんを取り巻く芸者役でした。リハーサルの合間に、彼は西田さんにこう言ってくれたんです。

「こちらは樋口さん。文学座研究所の優等生です。僕、落ちこぼれ」

それから西田さんは、あたしを気に留めてくださいました。本当にありがたかったです。

さらに二十年後になりますが、あたしが司会をした仕事で、雅俊さんはゲストでした。

それで無茶ぶりだとは思ったんですが、ヒット曲「ふれあい」をリクエストしたんです。そうしたらなんと、アカペラで歌ってくれて。楽屋に帰ると「今日は会えてうれしかったよ。また飲もう」と置手紙がありました。

なんとまあ、温かい人だこと。「何気ない心のふれあいが　幸せを連れてくる」という歌詞が、実感を持ってあたしの心に響いてきました。パーン、パンパン。

さて、演劇研究所では訓練のほかに、舞台に立つための実践として年に三回の発表会がありました。春はエチュード、秋は「女の一生」、そして卒業公演です。あたしは雅俊さんのような天賦の才がない分、ひたすら努力を重ねて目に見える成果も出てきていました。「女の一生」は杉村春子さんが生涯に九百四十七回にわたって主人公を演じた日本の演劇を代表する不朽の名作。明治末期に生まれて両親と死に別れ、天涯孤独になった「布引けい」が不思議な縁から富裕な一家に嫁ぎ、苦悩しながらも動乱と戦争の時代を生き抜いた物語です。

あたしは秋の公演で、主人公けいの娘、知栄の役をいただきました。第四幕の重要な役どころで、新人の登竜門でもあったので、とても名誉なことでした。

そうそう、ここで杉村さんについて少し。当時、あたしたちは杉村さんのことを「杉村先生」とお呼びしていて、雲の上の存在でした。何度かお見かけしたことはありますが、お話しするなど恐れ多くて、とてもできませんでした。一九九七（平成九）年に九十一歳で亡くなられましたが、その直前までお仕事をされていたそうです。

あたしは、その功績をなんとか世に残したいと思って、二〇二二（令和四）年に創作講談で「昭和の名女優　杉村春子」を語らせていただきました。ユーチューブの神田紅公式チャンネルに動画がありますので、ご覧ください。

話を戻します。卒業公演は主役でした。「伐《き》る勿《なか》れ樹《き》を」という作品です。新空港建設に反対した成田闘争を題材にした芝居で、あたしの役は滑走路を造るためにブルドーザーでなぎ倒される木の精です。最後に「伐らすもんかー、外道ーっ」と断末魔の叫びを上げ、魂を震わせるような演技が見どころ。評判は上々だったんですよ。

卒業公演が終わると、研究所からワンランク上の研修科に進めるかどうかが決まります。進級できるのは研究生百人のうち十人ほど。厳しい選考ですが、実績から考えてあたしは大丈夫だと高をくくっていました。

ところが発表の掲示板を見ると、ない。あたしの名前がありません。おかしい。どう考えても納得がいかず、昼のクラスの責任者だった演出家に尋ねました。

「どうして落ちたんでしょうか？」

「君、体操の時間をほとんど欠席したんだって？　その先生が君を認められないと言い張ったんだよ」

いやいや、そんなはずはありません。それで、よくよく調べてみると、実は出席番号があたしの一つ前の子が体操をほとんど欠席していたことがわかりました。その子、あたしと髪形や背格好が似ているんです。

そういえば体育の時間に出席の返事をすると、先生から「あら、珍しい」と言われたことがありました。なんのことだかさっぱりわからなかったんですが、彼女と取り違えていたわけです。いまさら気づいてもあとの祭りでした。

振り返ると、ほかの研究生たちは日頃から先生たちと積極的に付き合って、自己アピールしていましたが、あたしはそういうのが苦手でした。意外に引っ込み思案なんです。と言っても、まったく信じてもらえないでしょうけど。

要するに「勝負は舞台だ」と思っていたので、先生たちにすり寄るような態度を取るのは嫌だったんです。でも、そんなことではこの世界、やっていけないということが身に染みてわかりました。いつも「女優」として自分を演じて存在をアピールしていなくてはいけないんです。

大学を休学して勝負を賭けた文学座でしたが、舞台は暗転。光は消え失せました。これからいったいどうしたらいいのか。樋口和子、二十二歳の春。進むも地獄、戻るも地獄、ただ立ち尽くして天を仰ぐのでありました。パーン、パンパン。

第四章 女優

文学座で次のステージに進めず、さてどうしたものかと思案に暮れたあたしは、ある人のことを思い出しました。少し時間を巻き戻します。

早稲田に入学してすぐ、あたしは知り合いの家を訪ねました。福岡で実家の近所に住んでいて、家族ぐるみのお付き合いをしていたケンちゃんです。あたしよりひとつ年下で、東大を受験しましたが失敗して、東京の叔父さん宅に身を寄せて浪人していたんです。

「ケンちゃ〜ん」と言ってそのお宅に遊びに行くと、出てきたのはテレビで見たことのある人。あたしは思わず「あ、ゲバゲバのおじさんだ」と叫びそうになりました。

高校生の頃、すごく流行ったバラエティ番組に「巨泉・前武ゲバゲバ90分！」というのがありました。大橋巨泉さんと前田武彦さんが進行役で、ナンセンスなショートコントが人気でした。ハナ肇さんがヒッピー姿で叫ぶ「アッと驚く為五郎」は流行語にもなりました。あら懐かしい、という方はあたしと同世代ですね。

ケンちゃんが居候する家から顔を覗かせたのは、その番組に出ていた俳優の常田富士男《ときた》さんでした。長野県生まれの熊本県育ち。独特の風貌で、黒澤明監督の「天国と地獄」にも出演した名優です。一九七五（昭和五十）年からは「まんが日本昔ばなし」で長いこと市原悦子さんと二人で語り手を務められました。

実はケンちゃんのお母さんが、常田さんのお姉さんだったのです。常田さんは現役バリバリでしたから、なにかアドバイスをいただけるのではないかと思って、家を訪ねました。それで「文学座に残れませんでした」とうなだれていると、あの日本昔ばなしみたいな口調で予想もしない答えが返ってきました。

「あ〜、そりゃあちょうどよかった。プロになりましょう。僕がこれから入るプロダクションに頼んであげますよ」

それは番衆プロという俳優事務所でした。覚悟を決めてご挨拶に伺うと、出てきた社長はなんと、あの絶大な人気を誇ったテレビドラマ「木枯し紋次郎」の主役、中村敦夫さんではないですか。それに引き換え、こちらは名もなき小娘でございます。紋次郎は「あっしにはかかわりのないことでござんす」と決め台詞を吐き、風のように去って行ったのであります。パーン、パンパン。

女優時代のポートレート写真

え～、失礼。という妄想を膨らませておりましたが、この身を引き受けてくださいました。それも常田さんが随分と推薦してくださったおかげです。

実は常田さん、文学座であたしが出演した「女の一生」を見てくださっていたのです。四幕であたしが演じた知栄は、母の布引けいに向かってこう言い放ちます。

「生きて血の通っている人間じゃありませんか」

父親を見捨てた母をなじる場面です。それを見て「君の演技は神経が表に出ている」という独特の表現で褒めて？くださっていたんです。

でもね、その意味を聞くと、その日は二日酔いでうとうとしていたところ「君の金切り声で目が覚めたんだ」とおっしゃる。まあ、なにが本当かはわかりませんが、ともあれ、あたしは番衆プロの一員になったわけです。

番衆プロは元俳優座のメンバーで作った事務所で、当時は中村さん、常田さんのほか、原田芳雄さん、市原悦子さんなど脂の乗った個性派が名を連ねていました。「捨てる神あれば拾う神あり」と申しますが、そんな事務所に入れたのは本当にラッキーでした。

それで芸名をどうするか、ということになりました。姓は中村さんの「中」と原田さんの「原」をもらって「中原」とすることに決定。名前はというと、ちょうどその頃、中村さんに娘さんが生まれまして。中村さんは「鐘子《しょうこ》」と付けるつもりでしたが、奥さんが考えた名前になったので「余ってしまった」とおっしゃるんです。

余り物には福がある、というわけでその名前をいただき、決まりました。女優「中原鐘子」の誕生です。パーン、パンパン。

福はすぐにやってきました。常田さんがレギュラー出演する「アドベンチャーコメディ夏の家族」（フジテレビ）というテレビドラマです。一九七四（昭和四十九）年七月から九月にかけて、十三回放送されました。

伊豆諸島の小島「突撃島」で生きる人々の物語で、主役の「パイポ」は浅丘ルリ子さん。児玉清さん、前田吟さん、渡辺篤史さん、森本レオさんたち個性豊かな俳優陣が織りなす軽妙なコメディーです。

あたしの役は常田さんの弟の嫁「カメ子」。弟は亡くなったけど、一緒に暮らしていて顔は白塗り、浴衣姿。いつもボーっとしています。二人の前に豆が何粒か置いてあって、それをフライパンで炒って一粒ずつ食べていく。で、最後に残った豆をじーっと見つめ合って、カメ子がサッと取って口に入れる……。そんなコントのような設定も、常田さんが作ってくれました。

常田さんからはいろんなことを教わりました。あたしが実践したのは「カメラが自分に向いていなくても演技をする」ということでした。

最終回に近い頃、裁判にかけられたパイポの母親に判決が言い渡されるシーン。あたしは島民の一人として傍聴席にいました。カメラは法廷を向いているので、あたしは映っていないはずです。でも、法廷に背を向けて縄を首に巻き付け、もがき苦しむ演技をしました。被告人の心象風景を表現したかったんです。

放送を見て驚きました。なんと、あたしのその姿が印象的なカットとして最終回の映像にバンバン入っているではありませんか。パーン、パンパン。

これには感激しました。ちゃんと見てくれている人がいるんだと。その演出をしてくださったのが、当時は新人ディレクターだった杉田成道さん。のちに倉本聰さん脚本のテレビドラマ「北の国から」シリーズの演出家として知られることになる方です。

次の仕事は映画でした。黒木和雄監督の「祭りの準備」。四国の四万十川河口にある町を舞台に、地縁血縁のしがらみの中でもがき苦しむ青年が、旅立ちの日を迎えるまでを描いた作品です。主役は江藤潤さん。同じ事務所の原田さんの出演も決まっていました。

配役のオーディションがあって、黒木監督と対面しました。監督はあたしの顔をみるなり「決めました」とおっしゃいます。あ、これは主人公の恋人役、つまりヒロインなのではないかと期待が膨らみます。だって、そうですよね。「決めました」のひと言なんですから。

ところがどっこい、世の中そう甘くはありません。数日後、渡された台本を見ると、そのヒロインは竹下景子さんでした。彼女はその頃もう売れっ子でしたから、当然と言えば当然です。で、あたしはと言うと「浜の女A」。キャストの最後に名前がありました。ハナ肇さん演じる主人公の父親清馬《せいま》の愛人と一緒に働く女の役です。姉さんかぶりに前掛け姿、地下足袋を履いて船に木炭を積み込むのが仕事。その愛人が死んだことを知らせるため、浜を走りながら「清馬や〜ん」と叫ぶのが唯一の見せ所でした。

さて、映画が完成して関係者の試写会です。あたしはどんな評価を受けるのか、ドキドキでした。端役ではあっても、一生懸命に演じたつもりでしたから。それで試写会が終わって、原田さんからこう言われたんです。

「君は役者としては苦労するだろう。でも、なにかがある。だからどんなに苦しくても、三十歳までは頑張れ」

この言葉が、その後のあたしの糧となります。

でも、本当のことを言うと、原田さんは試写会でうたた寝していたらしいんですが、あたしの叫び声で目が覚めたんだそうです。あれ、この展開、以前にもありましたよね。講談でも声の大きさは必要ですけど、あたしの良さってそれだけ？

原田さんは、あたしが講談師として真打に昇進したあとの一九九一（平成三）年、公演にゲスト出演してくださいました。お礼を言いつつ、当時の話をすると「俺、そんなこと言ったっけ」と笑っていらっしゃいました。

その頃、あたしは常田さんの家にちょくちょく出入りさせていただいておりました。留守番したり、掃除したり、ちょっと料理を作ったり。常田さんの子育ては目からウロコでした。子どもと対等なんです。子ども同士が言い争っていたら「君の言い分はこうか」「君はどうなんだよ」ってじっくり話を聞かれます。だからなのか、子どもたちは人に対してとても思いやりがありました。

ある晩、あたしは料理本を見ながらちょっとしゃれたイタリア料理のリゾットみたいなのに挑戦しました。それを仕込んでひと晩寝

映画「祭りの準備」には「浜の女 A」で出演

かせておいたんです。そしたら翌朝、猫が全部ひっくり返してしまって。子どもたちに「ごめんなさい」と言うと「大丈夫ですよ。僕たち、学校に行けば給食あるし」と慰めてくれました。

家にはたくさん動物がいました。犬、猫、鶏、そしてサル。このサルがいたずら小僧でして。檻の中に飼われているんだけど、家主の常田さん一家がいない時にあたしが餌をやると、馬鹿にするんですよ。自分のイチモツを見せるんですよ。サルに発情されるなんて、あるんでしょうかね。その話を帰宅した常田さんにしたら「俺たちは見たことない姿だよ」って言いながら笑い転げていました。

そうそう、常田さんからは面白いお話を聞きました。常田さんが名優と言われるようになったきっかけのひとつは、小劇場「渋谷ジァン・ジァン」での演技だったそうで。渋谷の地下にあったアングラ演劇の発信地で、知る人ぞ知る伝説的な小劇場でした。

常田さんが演じたのは、日本の不条理演劇の第一人者といわれる劇作家、別役実さんの作品。ベンチに腰かけるシーンで、得も言われぬ仕草をされて。評論家から「あの演技は素晴らしい。普通ではない。別役実の世界を具現化している」と書かれたそうです。

でも実は常田さん、痔持ちだったんです。だから座る時にそ〜っと腰を下ろすし、痛くて台詞を言う時も「そ〜れ〜が〜」みたいになって。それが「不条理演劇」にぴったりだったらしいんですね。それで奥様が鍼灸師から習って、体のツボや患部に針を打って治したということでした。

これが普通なら笑える話なんですが、あたしは笑えませんでした。というのも何を隠そう、あたしも高校時代から痔持ちだったんです。トイレに行ったら生理でもないのに真っ赤になっちゃって。病院に行くのも恥ずかしいから、市販の薬でごまかしながら受験したんです。

その話を奥様にしたら「夫も治したからやってあげる」とおっしゃるではないですか。一時間も二時間もかけて、全身のツボに針を打ってくださって。それで見事、きれいに治ったんです。本当にご夫妻ともに大恩人。常田さんは二〇一八（平成三十）年に八十一歳で亡くなられましたが、天国から見守ってくださっていると思います。

さて、映画出演も果たしたあたしですが、その頃になってニキビがひどくなったんです。メイクに使うドーランに負けたのかもしれません。それではテレビや映画のアップには耐えられないので、事務所と話して舞台に集中することになりました。

ちょうど同じ事務所の市原さんが舞台に進出することになり、付き人をやらせてほしいとお願いしました。「日本昔ばなし」や「家政婦は見た！」でご存じの方も多いと思います。

福岡にいる頃から大好きで、尊敬していた女優さんでした。

ただ、あたしは自分の役者としての仕事もありますので、舞台のみの付き人。市原さんと自分のスケジュールをにらめっこしながら走り回りました。時代劇から現代劇、翻訳劇、喜劇に悲劇、なんでも市原流に染めてしまうその技を近くで見て、学んでみたいという一心です。

初めのうちは苦労もしました。なんでもテキパキとされる方で、あたしがもたもたしていると「お姫さま、お嬢さま、先に行くわよ」とおっしゃいます。それから着物の着替えを手伝うのに、前の腰ひもを締めるのがあたしの役割だったんですが、どうしても蝶結びが縦になってしまうんです。

それを見た市原さんが「あら、縦蝶は縁起が悪いのよ」とひと言。それもそのはず、縦結びは死に装束を着せるときのものなんですから。それは焦りました。自分のものはできるのに、人のものだとできないんです。自宅に帰って、かつらを入れる円筒形の箱を引っ張り出し、市原さんに見立てて徹夜で練習しました。

そんなこともありながら、付き人としては徐々に慣れていったんですが、ある日、やらかしてしまいます。忙しい中でも時間を見つけて、草笛光子さんの舞台を見に行ったことがありまして。市原さんに「すごくよかったですよ」と感想を話しました。でも、「あっそ」

と言ったきり反応がありません。無言です。

なんだったんだろうと考えていると後日、マネージャーから呼び出されました。

「あなた、ほかの女優さんのことを褒めたでしょ」

「あたしは市原さんの方がずーっと上だと思うから言ったんですけど……」

「なに言ってんのよ。そんなこと聞いて喜ぶ女優がどこにいるのよ」

あたしは稽古を積んだ草笛さんの芝居を単純にすごいと思っただけでした。でも、マネージャーの話を聞いて、女優のライバル心とか嫉妬心のすごさを思い知りました。そしてそれは自分は女優に向いてないかも、と考え始めたきっかけでもありました。


それでも、市原さんの付き人をしているおかげで、大きな舞台を踏むこともできました。一九七六（昭和五十一）年に上演された帝劇の「津軽三味線ながれぶし」。山田五十鈴さんと三橋美智也さんが、流れ旅する雪国の芸人親子を演じて大評判になった舞台です。

市原さんは準主役で、あたしは角巻（防寒用のかぶり物）を被った老婆の役。山田さんと市原さんが出てくる最後のシーンで、雪に埋まりそうなお地蔵さんに手を合わせて去って行く、ただそれだけの役です。

でも、常田さんに言われた通り、誰も見ていなくてもなにかしなくちゃと思って。舞台の期間中、毎日歩き方を変えたんです。右足を引きずったり、腰が痛いそぶりをしたり。

角巻だから見えないけど、顔にはしわを描いて墨で影を作っていました。ほかの出演者から「どうせ見えないんだから、描く必要ないのに」と笑われましたけど。

そうしたら、日を重ねるごとに不思議なことが起きました。出番を終えた役者さんたちはそれまで、さっさと着替えて帰っていたんですが、あたしが出るシーンを見ようと残る人がだんだん増えて。「今日の中原鐘子はどんな歩き方だったか」を話題にするようになったんです。

そして最終日。片岡仁左衛門さんのお弟子さんの秀六さんと楽屋の片付けをしていると、呼び出しのアナウンスがありまして。中原鐘子さん、片岡秀六さん、早く来てくださいって言うんですよ。秀六さんと「あたしたちはどうでもいいはずよね」と話しながら急いで行くと、市原さんがなんだかムッとした表情で、こうおっしゃる。

「早くステージに行きなさいよ」

実は新人奨励賞が発表されることになっていて、なんとあたしたち二人が受賞者で。だから呼ばれたんですよ。パーン、パンパン。

秀六さんも出番は少なかったんですが、「だんはん」(旦那様)と泣き崩れるひと言が切なくて、話題になっていました。

この芝居は東宝現代劇という劇団が主催で、二人とも部外者。そこでプロデューサーがこんなことを話しました。

「現代劇のみんなに言いたい。新人賞は二人とも外部の方です。初心忘るべからず。この役はこれだと決まりきった演技をするのではなくて、お二人を見習ってやっていきましょう」

この舞台には後日談がありまして。翌年、再演されるんですが、あたしが演じた老婆役がなんと三人に増えていたんです。あたしなりに足跡を残したというか、常田さんに言われたようになにかを「しでかす」ことの大切さが改めてわかった出来事でした。

その頃あたしは付き人と俳優業の傍ら、日本舞踊、ジャズダンス、タップダンス、三味線のレッスンにいそしんでおりました。お稽古事が好きなのは、母の血でしょうね。

日本舞踊は藤間流のお師匠さんに押しかけて弟子入り。知人から「いいお師匠さんがいる」と聞いてお宅に伺ったんですが、お師匠さんからは「紹介状も連絡もなく、突然の弟子入り志願は、あなたが初めてよ」と驚かれました。だけど十年ぐらいして、名取にさせていただいて「私の弟子では初めて」と喜んでいただきました。そういう粘り強さはあるんです。

ジャズダンスは、振付師の一の宮はじめさんに習っていました。西城秀樹さんやジュディ・オングさんなど多くのスターを手がけた方です。でも、日本舞踊と同じ時期にやっていたせいか、どうも時々、ダンスに日舞が入り混じって変な感じになるんです。

そのせいかどうかわかりません。ある日、こんなことを言われます。

「スターになる人は、生まれつきその星を持っている。君はどんなに努力をしても、絶対に無理だ」

これはショックでした。「絶対に無理」とまで言われたわけですから。お稽古事のために親から仕送りをしてもらいながら、まだアルバイトにも精を出していた頃で、なんのためにやっているのかと奈落の底に落とされた気分でした。

そうそう、バイト先では大変お世話になりました。西新宿の地下にあった「秀新」という居酒屋でした。マスターは学生運動にも参加していた人で、芸事にも理解があって。オーディションでバイトを休んでも「がんばんな」と励ましてくれました。

おなかが減ると「飯はいくらでもあるから勝手に食べて」と。お店のおばちゃんに頼んで作ってもらった味噌にぎりの味は忘れられません。ごはんに味噌をまぶしただけですが、それが本当においしくて。

文学座の頃は東京・多摩の日野市に住んでいたので、帰りが遅くなるとよくマスターの家に泊まらせてもらいました。店のすぐ近くだったので、バイト仲間も集まって来てワイワイやるわけです。ただ、マスターの奥さんから「あなたたち、お風呂に入ったら髪の毛ぐらい捨てておいてよ」と言われて、自分たちの身勝手さに気づきました。これを若気(毛)の至りと申します。パーン、パンパン。

失礼しました。でも、こうしたことは講談師の世界に入ってから、たたき込まれることになるわけです。

そんな日々を過ごしながら、あたしは市原さんがゲスト出演するミュージカル「私はオンディーヌ」に出演することになりました。有楽町にあった日劇で一カ月のロングラン。主演は「わたしの城下町」でデビューして大ヒットを連発していた福岡市出身の歌手、小柳ルミ子さんです。実は西新小学校六年生の時の同級生なんですが、あまりに光り輝いていて、とても声はかけられませんでした。

でも、あたしの名前「中原鐘子」も大きな表看板に出演者として出ていたんです。それで中日を迎えた頃でした。市原さんが不機嫌そうな顔でおっしゃる。

「あなた宛てのすごい花束が、私のところに届いてるわよ」

床を敷き詰めるほどの赤いバラです。思い当たる節もないし、またやらかしてしまったかと、おろおろしながら差出人を見ると「一の宮はじめ」と書いてあるではないですか。あたしに「スターは絶対無理」と絶望的なことをおっしゃった、あの人です。

驚いて電話をすると、穏やかな声が返ってきました。

「表で看板を見たから。君ならやれると思ってたよ」

ああ、あえて厳しい言葉で励ましてくださっていたのか。そう思うと泣けてきました。そんないい流れで、一九七七（昭和五十二）年には森繁久彌さん主演のミュージカル「屋根の上のヴァイオリン弾き」にも出演しました。

だけど、自分自身でも女優に向いていないと思う出来事が起きます。たしか、港区の青山だったと思います。路上での撮影で、泣くシーンがありました。それがどうしても涙が出ないんです。周りにスタッフがいて取り囲まれて、失敗できないと思えば思うほど……。ついには「お〜い、ハッカ持ってこい」と監督が言って、目の周りに塗ってもらってやっとというありさまでした。

泣けない女優。もう致命的です。今なら泣けますが、周りの目を気にしすぎて、演技に集中できなかったんです。市原さんが「あの子、女優には向いてないわね」と言っていたという話も伝わってきていました。

自信喪失、そして三年間務めた市原さんの付き人生活が終わると、仕事も減っていきました。そんな時、マネージャーからこう言われます。

「あなたさ、今は桃井かおりさんの時代なんだ。存在感が大事。唯一無二の女優にならなきゃいけない。あなたはいろんなことをやりすぎてる」

ずっと続けているお稽古事をやめて、家に閉じこもって自分と自分の演技を見つめ直せということだと、あたしは受け取りました。まあ、それも一理あります。それで、一カ月は我慢しました。だけどもう限界です。日舞のお師匠さんのところへ出かけました。

その頃、あたしは日野市から引っ越して杉並区の東高円寺のアパートに住んでいました。お師匠さん宅は山手線の五反田。一つ先の駅の大崎までは定期代が同じだったので「東高円寺〜大崎」の定期を持っていました。

ところが、悪いことはできないものですね。山手線に乗って座っていたら、偶然、マネージャーが乗ってきたんです。どこに行くか聞かれて、あたしは「大崎の友達のところ」と、とっさに嘘をつきました。なんとかやり過ごしたつもりでしたが……。

数日後、マネージャーに呼び出されました。

「あなた、日舞のお稽古で五反田に行ったんでしょ。大崎の友達に会うために、わざわざ定期を持ってるの？」

マネージャーは、あたしが膝の上に置いていた定期を見逃さなかったのです。目の奥には怒りの炎。おのおのがた、討ち入りでござる。パーン、パンパン。

忠臣蔵の赤穂義士伝じゃありませんが、そんな勢いです。こうなりゃ、あたしも負けてはいられません。死中に活を見出すのみ（あ、どちらも大石内蔵助《くらのすけ》の言葉です）。

「はい、行きました。でも、もうなにを言われてもいいです。事務所をやめさせられても、あたしは稽古をしないといられない人間です」

「もう、どうなっても知らないわよ」

と、売り言葉に買い言葉になったわけですが、実はこのマネージャー、巡り巡って今のあたしのマネージャーです。一時期、別のタレント系事務所に移った彼女は、ため息交じりにこんなことを言っていました。

「今どきの若いタレントは、ちょっと売れたら努力なんてしやしない。あんたの爪の垢を煎じて飲ませてやりたいよ」

第五章　講談入門

時は一九七九（昭和五十四）年二月、樋口和子改め女優中原鐘子に、いよいよ運命の時が訪れます。と、その前にちょっとこの年を振り返ってみましょう。

みなさんが「へ〜」と思うのは、テレビアニメ「ドラえもん」（テレビ朝日版）と「機動戦士ガンダム」の放送開始じゃないでしょうか。ソニーのヘッドホンステレオ「ウォークマン」が発売されたのもこの年です。

あたし的には、埼玉県所沢市の西武ライオンズ球場（のちのベルーナドーム）の開業ですかね。父が西鉄で働いていて、西鉄ライオンズには親しんでいましたので。球団のオーナーが西鉄から太平洋クラブ、クラウンライターへと移り、最後に買収したのが西武でした。九州に今でも西武ファンが多いのは、その名残なんですよ。

女性の視点で見ると、イギリスでマーガレット・サッチャーさんが先進国初の女性首相に就任するという大きな出来事がありました。日本では第一回東京国際女子マラソンが開かれて、スポーツ面で女性の活躍に注目が集まりました。でも、企業に男女差別を禁じる男女雇用機会均等法が施行されるのは一九八六（昭和六十一）年ですから、まだ七年も先のことです。

世間では「口裂け女」の話が流布しました。口元を隠した若い女性が、学校帰りの子どもに「私、きれい？」と尋ねる。「きれい」と答えると「これでも？」と言ってマスクを外す。すると耳元まで裂けた口が……。「きれいじゃない」と言うと殺されてしまいます。都市伝説ですが、なんだかあたしが子どもの頃に書いていた怪談みたいですね。虐げられてきた女の怨念なのかもしれません。あな恐ろしや。

東南アジアから出稼ぎで日本を訪れる女性が増えて「ジャパゆきさん」と呼ばれて問題化したのも、この年くらいからです。これについては、あたしにもちょっと関係してくるんですが、その話はのちほど。

こうやって振り返ると、それまで男性優位で凝り固まっていた社会が、少しですが変化しはじめていた感じがします。あたしの運命にもそういう風が吹いていたのかもしれません。

さて、女優としての仕事が減って行く末に不安を感じていたあたしに、舞台音楽家の岡部公甫《きみほ》さんが声をかけてくれたのは、二十七歳の誕生日を迎える少し前でした。

「原宿のライブハウスで、三十分ぐらい一人でなにかやってくれない?」

くれないと言われると断るわけにもいきません。そこで「台本はありますか」「演出家は誰ですか」と聞くと、こうおっしゃる。

「だから女優はダメなんだ。必ずそれを言うね。芸人ならなにも聞かずに喜んでなにか考えてやってくれるんだけど」

あたしは、その「芸人」という言葉にビビっときました。「芸人っていい言葉ですね」と言うと、岡部さんは「そうだ。君、講談を知ってる?」とおっしゃいます。

「道路公団? 住宅公団?」

ダジャレの連発みたいですが、本当にそう言ったんです。すると苦笑しながら「違う違う、語りをする講談だよ」とおっしゃるので「ああ〜、富士山の絵が描いてある幕をテーブルにかけて」と言うと「それ、浪曲だ」。「じゃあ、三味線弾きの隣で語る……」と言うと「それも浪曲だ」。

最後に「お笑い三人組の一龍斎貞鳳《ていほう》という人を知ってる? あの人が講談師だよ」って言われて、何となく覚えていたんです。「お笑い三人組」は、あたしが小中学生の頃、N

HKで放送されていたバラエティコメディ番組で、貞鳳と三代目江戸家猫八、三遊亭小金馬（のちの二代目三遊亭金翁）のお三方が出演していて大人気でした。ただ、番組では講談はやってなかったから、まだ講談がどんなものかは全くわかりません。

それでも、あたしが興味を示したとみて、岡部さんが「偉い人を知ってるから紹介してあげよう」とおっしゃる。それが「二代目神田山陽」その人でした。当時、山陽師匠は講談協会の副会長を務めていて、岡部さんと親交があったのです。

新宿区大久保の駅を降りて、すぐそばの地下に「二条」という喫茶店がありました。岡部さんに連れられ、そこで初めて山陽師匠に会いました。人のよさそうなご隠居さんというのが第一印象。「将棋の先生ですよね」と言ったのを覚えています。その頃、師匠はNHK将棋講座やNHK杯将棋トーナメントで聞き手をしていて、なぜかあたしは見たことがあったんです。

すると「いや、それはね、余芸ですよ。本芸は講談です」とおっしゃる。講談がどういうものかわからないと言うと「うちはすぐ近くだからいらっしゃい」と誘われ、連れて行ってもらいました。お宅は古い日本家屋で、一階に通されて師匠は講談の一節を語り出しました。

「さても源左衛門、その日のいでたち、いかにとみてあれば……」

三十秒ほど語ると「講談ってのはこういうもんですよ」と台本を渡されたんですが、漢字だらけでなんのことかわかりません。

少し解説しますと、ご存じの方はおわかりでしょうが、これ実は神田派講談の入門編とされている「鉢の木」より「いざ鎌倉」の一節です。

鎌倉時代の話で、雪の中、僧の姿に身をやつして訪ねて来た執権・北条時頼に、貧しく暮らす武士、佐野源左衛門常世が大切な鉢植えの木を燃やして暖を取らせる物語。常世の父はいわれのない罪を着せられて浪人になっていました。しかし、「いざ鎌倉」という時には一番に駆けつけ、命を捨てて戦う覚悟だと話します。

その後、時頼は部下からの進言でその忠誠心を試そうと、鎌倉が攻め込まれて危ういという噂を流します。すると、常世は先祖伝来の名兜と鎧姿でやせた馬にまたがり、いの一番に鎌倉に現れます。

(巻末にこの「いざ鎌倉」の一節と語り方を解説しております。ユーチューブの神田紅公式チャンネルでは、動画もご覧いただけます。スマートフォンにこのQRコードをかざしてください。チャンネルでは、あたしの講談がたくさんご覧いただけます。登録と高評価、してくれない?)

「いざ鎌倉」の
レッスン動画はこちらから

二代目神田山陽師匠

さて、あたしは全く内容の理解はできませんでしたが、師匠が語る音の高低はわかりました。そこで「さても源左衛門、その日のいでたち」の音程について「ミラミミミミミミミ、ミラミミミミ……ですか」と言ったんです。

幼稚園の頃からピアノを習っていましたし、これでも一応、ミュージカル「屋根の上のヴァイオリン弾き」のオーディションに受かって出演したこともありますから。まあ、高校時代、日本史は大嫌いでしたけど、講談を音楽的にとらえることはできたわけです。

「講談にはメリ、ハリ、ツッコミ、謡い調子の四つがあるんだよ」

師匠がそうおっしゃるので、素人のあたしなりに解釈してみました。

「さても、の『て』が『ラ』ですから、そこがツッコミなんですかね」

「謡い調子というのは、レガート（滑らかに）とかフェルマータ（ほどよくのばす）みたいですね」

それを聞いた師匠は「面白いことを言うね」と上機嫌です。それで「まるで和風ジャズみたいです。主旋律には決まりがあるようですが、あとはアレンジしてもいいんですか」と言うと「最初はこの通りにやってみて、あとは君の好きにしていい。じゃあ、やってみなさい」とおっしゃる。

ところが、聞くのとやるのとでは大違い。師匠のような声の微妙な変化ができません。

難しいとなると、やれるまでやってみたくなるのがあたしの性分だということは、みなさんもうおわかりでしょう。

「稽古をつけてください」

頭を下げたあたしに、師匠は入門を即断してくださいました。そして「友達を連れていらっしゃい」とおっしゃる。あとで聞きましたが、切磋琢磨するライバルがいた方が続くだろうという、師匠の戦略です。

一週間後、あたしは文学座演劇研究所で同期だった関口和代さんと、舞台の裏方をしていた女友達を誘って三人で師匠の元を訪ねました。すると師匠はその場で、三人が着ていた洋服の色を見て名前を付けてくださいました。

あたしは真っ赤なワンピースでしたので「紅」です。関口さんは紫、女友達は緑。こうして進むべき道に迷っていたあたしは、ついに講談師「神田紅」としての第一歩を踏み出したのであります。パーン、パンパン。

ここで山陽師匠について、お話ししておきたいと思います。本名は浜井弘《ひろむ》。一九〇九（明治四十二）年、旧満州（中国東北部）の大連で生まれ、東京で育ちます。父が興した出版社兼書籍取次業「大阪屋号書店」は旧満州や朝鮮半島にチェーン店網があり、終戦までは裕福な生活を送りました。

いわゆる「おぼっちゃま」だったわけで、幼い頃から講釈場に通っていたそうです。その芸事好きが、後継ぎとして経営に携わるようになって、さらに高じます。なんと好きな講談師を料亭に招いて、自ら教えを乞うたのでございます。

その講談好きが本業となるのですから、人の一生とはわからないものです。二十九歳で「品川連山」と名乗って高座に上がるようになり、戦後、三代目神田小伯山を経て一九五五（昭和三十）年、二代目神田山陽を襲名しました。

その一方で、社交ダンスも教授の資格を持ち、ダンスホールを建ててしまうほど熱中。将棋好きも有名で、自宅に若手の棋士を呼んで賞金をかけて対局させたそうです。その中には、のちに史上最強と称えられる大山康晴十五世名人もいらっしゃって、生前は親交がありました。

「指す、舞う、語るの三道楽」

師匠はよくこの言葉を口にしていましたが、二〇〇〇（平成十二）年十月三十日、九十一歳で亡くなるまで、その通りの人生を全うされました。

さて、あたしたち三人はそれから週に一回、お稽古に通うことになりました。師匠はその度に、近所の店から出前を取ってごちそうしてくださいます。あたしは仕事も減っていつもおなかをすかせていましたから、本当にありがたくて。稽古にますます熱が入りました。

師匠の稽古は一日に五時間以上。それでどんどん覚えていくので、師匠の方がびっくりするくらい。あたし、物覚えは悪いんですけど、講談だけは音楽的に覚えていけたんです。

一カ月が過ぎた頃、師匠のお宅で兄弟子と鉢合わせしまして。「君たち、稽古の前に掃除してないのかい」と言うので、してないと答えると「困るね。してくれないと」と叱られました。

でも、あたしたちがそんなしきたりを知ろうはずもありません。それまでは講談教室の生徒のような気分でいたんですから。それで思わず「月謝はいくらでしょう？」と聞いてしまいました。すると兄弟子は「師匠はそんなものとらねえよ」と言うじゃないですか。あたしたちは慌てて掃除を始めました。

そんな様子をニコニコしながら眺めていた師匠が「初高座はいつにするかな」とおっしゃる。「え、もうですか」と戸惑っているうちに、師匠はあれよあれよという間に話を進めていかれました。

時は一九七九（昭和五十四）年五月二十六日。上野の本牧亭で「女流講談会」が開かれました。本牧亭は江戸時代末の一八五七（安政四）年から続く定席（講談専門の寄席）でした。講談師といえば男というのが当たり前。あたしたちが入門するまでは、女流はたった四人しかいなかったんですから、画期的な企画だったのです。

しかも、そんな歴史ある定席で、わずか三カ月前から講談を学び始めたばかりの紅、紫、緑というあたしたち三人が初高座に臨んだのですから、無謀と言えば無謀。企画を進めた山陽師匠も度胸があったと思います。

それで、なにをやろうかと師匠に相談すると「なんでもあり」とおっしゃる。

「古典じゃなくてもいいんですか」

「なんでもいい。君の言いたいこと、語りたいことを講談にすればいい」

山陽師匠との怪談の稽古風景

驚きましたが、そこまで言われると燃えないわけがありません。あたしを師匠に紹介してくれた舞台音楽家の岡部さんの弟さんがラジオ作家をされていたので、台本を作ってもらいました。

それが「ヘンデルとグレテル」。グリム童話「ヘンゼルとグレーテル」をもとにした物語です。親に捨てられた兄と妹が森をさまよい、老婆に扮した魔女から食べられようとして逆襲し、財宝を手に入れる、あのお話。だけど、魔女は実は本当のおばあさんで、財宝を得んがための兄妹の計略だったというシュールな筋書きでした。

扮装や小道具にもひと工夫。その頃流行していたハーレムパンツ（裾を絞っただぶだぶのロングパンツ）を裁縫上手の母に作ってもらい、奇術師が使う台も借りました。奇術台を張り扇で叩いてリズムを取り、タップダンスを踊り、歌い、語る……。激しすぎて息継ぎができず、目の前が真っ白になって気が遠くなりました。

これを「ミュージカル講談」と名付けましたが、そんなことやる講談師はいませんよね。お客には大受けで、師匠からは「面白い。君は天才だ！」と褒めていただきました。実は師匠も「東大紛争」を講談にしたこともあるほどで、創作には理解があったんです。

あたしたち三人は「カンダーラ」というグループ名を付けてもらいました。「神田の子どもら」という意味と、大ヒットしたドラマ「西遊記」のエンディング・テーマ「ガンダーラ」に引っ掛けた名前です。

講談の聖地ともいえる本牧亭で、あたしがタップシューズを履いてハーレムパンツ姿で踊ったもんだから、師匠のもとには仲間内や常連さんからお叱りの声が届いていたようです。だけど、そんな批判もなんのその、スポーツ新聞では「カンダーラ、なんだーら」と面白おかしく取り上げられ、一躍脚光を浴びたのでありました。パーン、パンパン。

講談界は一九六四（昭和三十九）年に「巷談《こうだん》本牧亭」（安藤鶴夫著）が第五十回直木賞を受賞したことで活況を呈しましたが、そのあとは尻すぼみ。山陽師匠はその状況をなんとか打破しようと、女流の育成に力を入れていました。

その意味では、師匠の賭けは当たったわけです。書店の経営にも携わった経験がおありなので、モノを売り出す才覚があったのだと思います。だから、周囲からなにを言われてもあたしたちの耳には入れずに「次はなにをやるのかい？」とニコニコしていました。あたしは師匠に「あたしたちって、上野のパンダですよね」って聞いたこともあります。人寄せパンダという意味ですが、師匠はニヤッと笑って「そんなことを聞くのは、君ぐらいだね」と否定はされませんでした。

あたしたちも、師匠の思いに応えようと努力しました。世間でちょっと注目されたとはいっても、お客の入りはまだまだ。「つ離れ」していないことが多かったのです。これは寄席の用語で、客の入りを勘定する言葉です。「一つ、二つ、三つ……」とお客様の入りを勘定して「十」を越えれば「つ」がつかないから「つ離れ」。言い方はシャレてますけどね。

演劇をやっていたあたしたちは、そんな状況が我慢できません。大学時代のアマチュア演劇だって、役者がチケットを売るのは当たり前でしたから。それで、寄席の切符をどんどん売ったんです。すると、お客が百人とか入る。この「つ離れ」の連発には、師匠もびっくりでした。

調子に乗ったあたしは、創作講談に精を出します。

次は「真田幸村 大坂入城」の一席。関ヶ原の合戦で西軍に味方して敗れた真田幸村は、高野山の麓にある九度山に隠棲します。すっかり腑抜けになったと思われた幸村が隣村で村人と碁を打っているところへ、敵方が兵を進めているとの知らせ。

幸村はのんびり碁を打っていましたが、遠くから大音響が……。敵の動きを察知した幸村があらかじめ九度山に仕掛けた地雷火が爆発し、敵方が吹き飛んだ音でした。すると幸村は馬にまたがり疾風のごとく出陣。集まった三千人の兵に「戦《いくさ》と問わば、勝ちと答えよ」と合言葉を叫び、豊臣秀頼の待つ大坂城へと乗り込むのでありました。

徳川家康をあざむき、大坂冬の陣で活躍した幸村を主人公にした人気の古典です。あた

初高座はハーレムパンツ姿で「ヘンデルとグレテル」を演じた

しはこの胸躍る話に日舞を取り入れ、琵琶と鼓の演奏をバックに踊りながら語りたいと師匠に相談しました。これも師匠は「やりたいようにやりなさい」と背中を押してくださいました。

一九八一（昭和五十六）年九月、千代田区隼町の国立演芸場で開かれた「花形新人演芸会」で、あたしはこの一席を披露しました。どんな反応があるかと思いきや、当時の朝日新聞には好意的に書かれました。

「まんまと敵をあざむいて出陣するくだりで、紅は釈台から立ち上がり、琵琶の伴奏で、金扇をひらめかして勇ましく舞う。客をひきつけたい彼女たちの新しい試みだ」

それでも、まだやり足りない。なにか新しいことができないかと考えていたところ、修猷館高校の同窓生から紹介してもらったのが高校の先輩、高原節子さん。高原さんは女優をしながら演劇のプロデューサーをされていて、池袋で「カフェテアトル２つの部屋」という小劇場を経営されていました。

修猷館が男女共学になった一九四九（昭和二十四）年に入学された女子一期生です。お会いすると「変わりダネは私だけかと思った」とおっしゃる。あたしも内心、同じことを思いました。そんな風で意気投合、同じ福岡市出身の演出家、小田健也さんを紹介していただきました。

小田さんは福岡県立福岡高校から九州大学に入り、演劇部に所属。在学中に東京の劇団民芸のオーディションに合格して舞台俳優に。演出家としては、オペラ「夕鶴」を三百回以上公演し、中国やヨーロッパなど海外公演も成功させた方です。

その小田さんに薦められたのが、明治後期から昭和初期にかけて活躍した人気作家「泉鏡花」でした。ロマンと幽幻、唯美を追求した文語体の作品は「講談で語るのにうってつけだ」とおっしゃる。師匠ですら「先代がこんな語り口調だった」と言うほど古い文体です。でも、声に出して読んでみると、そのまま講談になるんですよ。そこで、新劇の役者さんたちにも参加してもらって、芝居仕立てにしたら面白いということになりました。

フランス発祥の「ボードビル」という演劇形式があります。歌や踊り、寸劇などを織り交ぜて演じられる演芸ショーなのですが、あたしたちのは言ってみれば講談と芝居を組み合わせたボードビルショーです。これを「芝居講談」と名付けました。

稽古を重ねて一九八二（昭和五十七）年十月十八日、ついに六日間の公演が幕を開けました。演目は「鬼の角」です。やさしいご隠居さんがひょんなことで鬼の角を拾います。すると、ご隠居さんは鬼のような人間に豹変し、角を落とした鬼は慈悲深い鬼となってしまう。やがて冥界から鬼たちが角を奪い返しに……という喜劇。アニメなんかでよく見る「入れ替わりもの」の原点かもしれませんね。

あたしは白い付け髭でご隠居さんになったり、片肌脱いで角の生えた女鬼になったり。そんなサービス精神が受けたのか、役者として培った演技力が生かされたのか。これは大好評でした。おかげであたしは、スポーツ新聞で「女優講釈師」と持ち上げられたのであります。パーン、パンパン。

芝居講談はその後も続き、二年後の一九八四（昭和五十九）年には同じく鏡花作の「滝の白糸」を初演しました。水芸で人気の女旅芸人、白糸と貧しい青年の出会いから物語は始まります。法律家になりたいという青年の望みをかなえようと、仕送りを続ける白糸。しかし、その金を奪われて取り返そうと殺人を犯す。逮捕された白糸の前に、検事代理となった青年が現れる……。

結末は原作を読むか、あたしの動画を見ていただきたいんですが、鏡花の文章は読めばそのまま講談の文体なのです。例えば白糸の美しさを描写するシーン。

「ここは越中高岡。ある朝のこと、この一番馬車に一人の美人が乗り込んで参りました。姿はしいて満開の花の色を洗いて清楚たる葉桜の緑浅し。色白く鼻筋通り、眉に力みありてまなざしにいくぶんの凄みを帯び、見るだに涼しき美人なり」

もう、ここで張り扇をパンと叩きたくなりませんか？

なぜ鏡花の文体が講談調なのか、その疑問が少し解けた出来事がありました。ＴＢＳテレビの「報道特集」で、あたしのドキュメンタリーを放送してくださることになり、鏡花の姪で作家の泉名月《なつき》さんにお会いしたことがあります。

神奈川県逗子市のご自宅に伺うと、大事そうに見せてくださったのが特注の桐箱に入った「南総里見八犬伝」でした。江戸時代後期の黄表紙だと思いますが、鏡花は講談でもよく題材になる八犬伝が大好きだったのでしょう。なるほど、と感激しました。

名月さんは鏡花の死後、鏡花の奥様の養女になられ、泉鏡花記念館の名誉館長も務められました。その名月さんから「父は紅さんのような芸人を思い浮かべて、白糸を書いたのね」とおっしゃっていただき、胸がいっぱいになったのを覚えています。

鏡花を原作にした芝居講談は、その後も「高野聖」「旅僧」と続き、好評を博しました。鏡花の没後八十年となった二〇一九（令和元）年には「絵草子月夜遊女」を初演。世界的アニメーション作家の山村浩二さんが描かれた絵を背景に映し出しながら、鏡花の不思議な怪異譚を語らせていただきました。

さて、あたしが正式に講談協会の会員として前座入りしたのは「滝の白糸」を初演した年でした。実はそれまでは、山陽師匠の個人弟子のような扱いでした。師匠からは「君は

片肌脱いで演じた芝居講談「鬼の角」

好評を博した芝居講談「滝の白糸」（2013 年 10 月独演会）

協会には入らなくていいよ」と言われていたんです。

その意味はあとになってわかりました。師匠としては、とにかく自由な発想でいろんなことをやってほしい。要はあたしに「波紋を起こす石になってほしい」と思っておられたんですね。だけど、タップ踏んだり日舞で踊ったり、芝居講談やったりすると批判もあります。だから協会の外で自由にさせようと考えてくださっていたんです。

ところが、師匠が階段から落ちて両足首をひどく捻挫して、すごく老け込まれた時期がありまして。あたしはまだ師匠の持ちネタの本当に一部しか教わっていなかったので、これは大変だと。もっときちんと師匠から教わりたいと決心して、正式に前座入りすることにしたんです。師匠はそのあとお元気になられましたけど。

ともあれ、そこからあたしの本当の前座修行が始まりました。師匠に入門して五年。時がたつのは早いもので、あたしは三十二歳になっておりました。

第六章 前座修行

講談の世界も落語と同じように、前座、二ツ目、真打の順で昇進していきます。とにかく完全なピラミッド型のヒエラルキーが確立された社会で、前座は非人間、二ツ目は半人間、真打でようやく人間になれるとあたしは考えていました。

目上の人が「黒いものを白」と言えば「白」。自分が悪くなくても「お前が悪い」と言われれば口ごたえもしてはいけません。それをパワハラと言われたらそうですが、古いしきたりのある世界を生き抜いていくには、我慢を重ねながら従うしかありませんでした。だけどその代わりに、ご飯は師匠や兄弟子、姉弟子がおごってくれますし、ちゃんと努力をしていれば昇進させてもくれます。本当に厳しいのは真打になってから。やりたいことがやれるようになりますが、自分に全責任がある。どれだけお客を呼べるかの勝負が始まるわけです。

正式に前座になったばかりのあたしには、まだそんなことはわかりません。最初はとにかく慣れることで精一杯でした。主な仕事場は、講談の定席興行を打っていた上野の本牧亭。二百人は入る大きな寄席で、一階は日本料理「ほんもく」。二階が寄席で、四十畳の客席と舞台、十二畳の楽屋が二部屋ありました。

最初の仕事は、お茶くみです。開演一時間半前には楽屋に入り、お湯を沸かして準備。出演する師匠たちがやってくると、あたしたち前座は奪い合うようにカバンを預かります。たとえ「いいよ、自分で持つから」と言われても「そうですか」と手ぶらで楽屋に戻るようでは前座失格。あとで叱られます。「持たせてください」と、あいまいな言い方で食い下がれるようになるのも修行です。

お茶くみにも要領があります。大事なのは、相手が飲みたいと思うタイミングを見計らうこと。なかには、楽屋に入ってもなかなか座ろうとしない師匠もいらっしゃいまして。お茶をお盆に乗せたまま後ろにくっついて回るんですが、座った時には冷めてしまうんです。「あ〜あ」と思いながらも、顔には出さずにいれ直していました。そのうちに師匠たちが座るタイミングで出せるようになるんですけどね。

次は着替えのお手伝い。預かったカバンから風呂敷に包まれた着物を出すんですが、これがまた難しい。風呂敷には着物や袴、襦袢、帯、草履などが入っていますが、人によって入れる順番が違います。これを覚えておかないと大変。高座が終わって着物一式をカバンに戻す時に元の順番と違っていると、ムッとされたり叱られたり……。

あたしたちの頃は前座の人数が少なかったので、手の空いた者が何でもやりました。今はおかげさまで入門者が増えたので、役割分担ができています。お茶くみは入りたての新人の仕事ですが、着物たたみや舞台の座布団をひっくり返したり演者の名前が書かれた「めくり」を返したりする高座返しなどは分担。前座の一番先輩の「たて前座」が、その日の演題を記入する根多帖《ねたちょう》を管理します。

あたしが嫌だったのは、本牧亭でご飯をのせる（食べること）ところがトイレのすぐ脇の洗面所だったことです。立ったままおにぎりをほおばっていると、必ず誰かが入ります。当然、大音響と臭いが漂いますよね。「うっ」となって食べる気にならなかったものです。まあ、それも三カ月も過ぎたら空腹の方が勝って普通に食べられるようになってしまって、人間の順応性に自分でも驚きましたけど。

その頃のあたしの一日は、山陽師匠のお宅に向かうところからがスタートでした。最寄りの大久保の駅からおかみさんに「なにかお買い物はありませんか」と電話します。頼まれた買い物を済ませ、お宅に着くと掃除から始まります。

師匠はとにかく稽古好きでした。あたしもそうだったので、寄席について行って戻ってくると、とにかく稽古。その合間に、駅前で師匠が好きだった蕎麦やとんかつをご馳走になりました。天丼とか親子丼の出前を取ってくださることもよくありましたね。

あ、ふつうは師匠と食事に行ってご馳走になる時には、師匠より値段の高いものは注文してはいけないというのが決まりです。でも、山陽師匠は全く気にせず「好きなものを食べなさい」とおっしゃっていました。

稽古に夢中になって終電の時刻を過ぎると「じゃあ、朝まで稽古するか」。カセットテープで録音して、あたしの語りを確認しながら五時間も六時間も。よく英会話の勉強で「repeat after me」というのがありますよね。あれと同じで、師匠が一節を語ってあたしが復唱する方式だったんです。

ところがある日、家に帰ってテープを聞き返すと、師匠が一人で一席を全部語っているではありませんか。あたしは、途中でうたた寝してしまっていたんですが、師匠は起こしもせず、ずっと語っていたわけです。なんと弟子思いな師匠なんでしょう。パーン、パンパン。

あ、いえ。罰当たりな弟子でごめんなさい。そんな師匠でしたから、あたしもお宅の掃除に精を出しました。座敷箒《ほうき》の先に日本手ぬぐいを巻き付けて天井のほこりを落とし、次にはたきで障子をはたいて、畳は掃除機で吸います。テーブルの下や鏡台の裏にも掃除機をかけ、廊下は雑巾がけをします。

するとおかみさんは「紅さんはきれいなお家で育ったんですね」と褒めてくださいました。それどころか、ほかの弟子たちに「お掃除は紅さんに習ってちょうだい」とおっしゃるではないですか。

この話を母にしましたが、全く信じてもらえませんでした。みなさんもご想像の通り、あたしはとにかく掃除が苦手で。自分の部屋は万年床の周りに本が散らばっていて、家族は誰も入ってこないようなありさまでしたからね。でも、仕事だと思うとやれるんだから不思議です。

こうした前座修行は、男女の別なく同じです。だけど、当時の講談界は完全な男社会。あたしたち女流に対する風当たりは、強いなんてもんじゃありませんでした。高座に上がると、わざと新聞を広げたり、イヤホンでラジオを聴いたりする常連の男性客もいましたし。

それでもお客さんですから我慢もできましたが、兄弟子の厳しさはつらかった。楽屋を歩くだけで「足音がうるさい」と怒鳴られました。足袋を履いていたのでうるさいわけがないのに、とにかく文句が言いたいわけです。着物も地味で粗末なものを着ていないと叱られます。

女優として「食べるより着なさい」と言われて過ごしたあたしにとっては苦痛でしかありません。「女の芸人なんだから、いつもきれいに華のある高座を務めなさい」とおっしゃる山陽師匠だけが味方でした。

これは今だから話せることですが、前座時代に一番悔しかったのが、兄弟子からのねちっこいいじめです。兄さんは、夜になると電話をかけてきます。

「お前さあ、早くやめて福岡に帰れよ。女講釈師なんて、いてほしくないんだよ」

それが毎晩のように続くんです。なんとか我慢していたんですが、翌朝早い仕事があって、あたしはついに耐えきれず電話を先に切りました。すると「紅が先に俺の電話を切った」と兄さんが総領弟子に訴え、一門の総会で議題に取り上げられたのです。

講談界には、どんなことがあっても下の者から先に兄弟子の電話を切ってはいけないというしきたりがありました。理不尽ですが、しきたりはしきたりです。あたしもそれを知ってはいましたが、あまりにひどかったので、切らざるを得なかったわけです。

総領弟子は「お前の言い分もわからないではないが、決まりは決まりだ。お前から頭を下げなさい」と言います。あたしにも意地があるので「面と向かっては謝れません」と返すと「それなら電話で謝れ」ということになりました。

あたしは十円玉を三十枚ほど持って、公衆電話からダイヤルを回しました。だけど、何度謝っても「すみませんと本当は思ってねえだろ。嘘で謝られてもなあ」と、らちが明きません。ついに最後の十円になって「もう、お金がなくなります」と言うと「わざとだろ」と怒鳴られました。

電話が切れたあと、あたしは電話ボックスの中で一人声を上げて大泣きました。どうしてこんな目に遭わなきゃいけないのか。悔し泣きです。そして涙が枯れたあと、あたしは心に誓いました。絶対にこの世界で生きてやる。そのために兄さんを自分の味方にしてやる、と。狭い世界ですから逃げることはできません。逃げれば芸人としての死を意味します。なんとしても懐に飛び込まなくては、と考えたわけです。

翌日から、あたしは兄さんのあとをコバンザメのようについて回りました。すると、しばらくして「もうわかったよ。もういいから」といじめるのを諦めてくれました。

実は兄さんはこの頃、重度のアルコール依存症でした。女流講釈師が目障りだというのは本音だったと思いますが、あたしのように目の前にいる相手を極度に罵倒するのは、その症状の表れだったのでしょう。その後、兄さんは依存症を公表して治療に取り組み、立派に克服されました。

兄さんとは後日談がありまして。二〇〇一（平成十三）年、あたしに神田紅葉という五十歳の弟子ができました。彼女のことはあとで詳しく触れますが、兄さんは特に年配の紅葉につらく当たりました。

だけど、紅葉はへこたれません。文句も言わず、兄さんの着物がほころびているのを見つけては、上手に繕ってあげていました。あたしはハラハラしながら横目で見ていたんですが、彼女が二ツ目になった時でした。兄さんは「もう、このくらいでいいだろ」とあたしに言ったんです。ああ、遅く入門した紅葉を早く一人前にするために厳しく接してくれていたんだ、とわかりました。今では、兄さんはアドバイスもくれるよき先輩です。パーン、パンパン。

セクハラまがいのことも、何度もありました。言い方は悪いですけど、手口としてはやはりお酒が多いですね。前座の頃は、まだ女優と二足の草鞋《わらじ》でしたから、テレビや映画のプロデューサーからもよくお誘いを受けました。みんな最初は紳士ですが、酔いが回ると本性を現してきます。

そんな時は、先制攻撃あるのみ。あたし、もともとお酒は強かったし、大学時代にも鍛えましたから、まず自分が飲んで「さあ、〇〇さんもどうぞ」と言って注ぎます。あくまで、さしつさされつの雰囲気を残しながら。

そういう風に誘ってくる男には妙な見栄があって、女が飲んでいるのに男の自分が飲まないわけにはいかないと思ってしまうようで。どんどん飲ませて酔いつぶし、タクシーに乗せるのが一番です。この作戦は連戦連勝。だけど、自分にもダメージは残ります。家に帰るとたんに酔いが回って、無理やり口に手を突っ込んで、水を飲んではまた……という無茶なこともやりました。

そして肝心なのは翌日。仕事場で相手の顔を見たら、自分から近づいてこんなことを言いながら頭を下げるんです。

「昨日はすみませんでした。実はあたし、酒癖が悪いって言われるんですけど、昨日は楽しくてつい飲みすぎちゃったみたいです。ぜんぜん覚えてなくて。なにか失礼なことをしませんでしたか」

すると相手はたいてい「いやあ、僕も覚えてなくて。しかし君はお酒が強いねえ」みたいなことを言って、恐れをなして滅多なことでは誘ってこなくなります。まあ、お酒が弱い人にはお薦めできない戦法ですが、要は相手に弱みを見せないということ。それと大事なのは、相手のプライドを傷つけないことだと思います。

ある女芸人さんから、こんな相談をされたことがあります。

「エレベーターの中で、ある師匠から迫られたんですが、どうしたらいいですか」

あたしは、こう言いました。

「きゃあ、とか言って逃げちゃいけない。逃げれば相手は図に乗るから」

例えば右の胸を触られたら、左の胸を差し出して「こっちもどうぞ。ただし、高いですよ」ぐらいのことを言って笑い飛ばしなさいと。隙を見せず、返す冗談で「この女は大したものだ」と思わせれば、相手もそう簡単にはやらないはずです。

女性はいくら仕事が欲しいからと言って、迫ってくる男の手に落ちてはいけません。あたしの知る限りそういう人は、一時は仕事がもらえてもずっと残れることはありませんでした。芸事の世界じゃなくても、まだまだそういうことはなくなっていないでしょうけど、自分なりに身を守る工夫をしながら生きてほしいと思います。

そういう意味では、人との出会いも大切です。山陽師匠はとにかく紳士で清廉潔白な方でした。ある時、若い女流の弟子が「落語の師匠から雄馬の性器の写真を見せられた」と泣きそうな顔をして山陽師匠に相談したことがあります。

講談師は落語芸術協会にも所属している場合が多いので、寄席で落語家のみなさんともご一緒します。だから、上手にお付き合いしなくてはいけません。そんなセクハラじみたことがあっても、彼女はなにも言えなかったのです。

すると山陽師匠は、その落語の師匠のところに血相を変えて怒鳴り込みました。落語の師匠は「単なるシャレじゃねえか」とうそぶいていましたが、山陽師匠は「うちの弟子に下卑たことはしてくれるな」と啖呵《たんか》を切ったそうです。

山陽師匠だって、若かりし頃は女遊びもしていたそうですが、それとこれとは別。あたしたち女流講談師をプロとして大切に扱ってくれました。前にも書きましたが、山陽師匠は講談界を発展させるために女流の力が必要だと考えておられたからです。

でも、男社会だった講談界では、そんな考え方は理解されません。ほかの師匠たちからは「女の弟子ばかり大事にして」「ハーレムじゃあるまいし、鼻の下伸ばして」と陰口を叩かれていました。

それが原因で、講談協会の会長を務めていた山陽師匠は、一九九一（平成三）年の会長選挙で敗北を喫してしまいます。その選挙のやり方に疑問を持った山陽師匠が講談協会を出ると言い出したので、当然あたしたちもついていきました。

実は一九七三（昭和四十八）年にも講談界を二分する騒動があり、師匠はその時に「日本講談協会」を創設していました。それで、この時に「日本講談協会」を再興したわけです。

協会は今も二つに分裂したままですが、師匠を批判していたほとんどの先生方が女流の弟子を持っています。しかも、今は女流の数の方が多いわけですから、山陽師匠の時代を見る目は正しかったのだと確信しています。ただ、それだけにあたしたち女流ももっと努力を重ねていかねばと改めて思う今日この頃です。

前座時代、あたしにはもう一つ大きな出会いが待っていました。ボードビリアンや司会者としてテレビ、寄席で活躍されていた小野栄一さんが声をかけてくださり、ブラジル・サンパウロでの小野さんのワンマンショーにゲストとして出演することになったのです。あたしの初高座「ヘンデルとグレテル」を見て「面白い」と思ってくださったというのですから、人生なにが起こるかわかりません。

時は一九八〇（昭和五十五）年十二月三十一日。ブラジルの地に降り立って繁華街を歩いていると、電器店のショーウインドウに置いてあるテレビの前に、黒山の人だかりができています。ちょうどお昼時でした。

なんだろうと思って覗くと、日本の紅白歌合戦が放送されていました。そう、日本とは時差が十二時間あるんですよ。ちょうど紅組のトリでした。

「雨々ふれふれ　もっとふれ　私のいい人つれて来い」

八代亜紀さんの「雨の慕情」です。地球の真裏で聴いたその歌声は、今も忘れません。

結果は紅組の勝利。「紅」の勝ちですから、験《げん》がいいことこの上なし。あたしは勇躍、会場に乗り込んだのでありました。パーン、パンパン。

八代さんは、あたしより二つ年上で同年代。二〇二三（令和五）年十二月に亡くなられましたが、ほんとうに惜しい方を失ったとお悔やみ申し上げます。

さて、ブラジルには日系移民の方が大勢いらっしゃるので、会場は満員。あたしは忠臣蔵・赤穂義士伝の「南部坂雪の別れ」を語りました。討ち入りの直前、大石内蔵助《くらのすけ》は浅野内匠頭《たくみのかみ》の奥方、瑤泉院《ようぜいいん》に会うため赤坂・南部坂の屋敷を訪ねます。仇討ちを願う奥方に内蔵助は本心を明かさず、袱紗《ふくさ》の包みを奥方の側近に託して、降る雪を踏みしめながら去っていきます。

実は、内蔵助は屋敷に敵の間者（回し者）がいるのを警戒していました。それで、討ち入りの期日と赤穂浪士四十七士の名前を記した連判状が入っている包みを「連歌の綴り」と称して渡したのでした。

会場の反応はすごかったんです。「大石内蔵助」という名前を出す度に「うわーっ」と声が上がり、なかには涙ぐんでいる人もいます。話の筋をよくご存じなんですね。そして講談は、連判状の存在に気づいた側近が奥方に知らせ、四十七士の名前を読み上げる場面でクライマックスを迎えます。

ところが、いくら読んでも終わらないんです。この四十七士読み上げは入門してすぐに覚えていたはず。だけど、どこかでリフレインしてしまいます。そこで思い出したのが「困ったときの茅野和助《かやのわすけ》」という師匠の言葉。茅野和助は最後から五人目です。もし途中で詰まってしまったら、その五人の名前を言えば終わらせられるという知恵でした。

それでなんとか語り終えたわけですが、実はあたし、会場入りする前に地元の接待で国賓級の料理をいただきました。その時に「ピンガ」というサトウキビから造る強い蒸留酒を三杯ぐいっと飲み干していたんです。紅組勝利で気を良くし過ぎたのか……。地球の裏側まで行って、もう少しで大失態を演じてしまうところでした。やれやれ。

それからしばらくして、小野さんからまた声がかかります。横浜で寄席をやるので出演してほしいとのこと。トリは、人気絶頂だった立川談志師匠で、あたしは「膝がわり」といってトリのひとつ前でした。前座のあたしにとっては大役です。

当日、講談を一席語り終えようとするところまできましたが、会場スタッフから「引き延ばせ」の合図。どうやら談志師匠の到着が遅れているらしいのです。でも、講談は話が決まっているので、やたらと延ばせません。適当につなぐ話芸があるわけでもありません し。

仕方がないので、あたしは正直に「談志師匠がまだお見えになっていないので、もう一席やらせていただきます」と、次の話を始めました。すると、その途中で「ＯＫ」の合図。あたしは「談志師匠がおいでになりました。この話の続きはまた今度」と言って高座を降りました。

ところが、楽屋に戻ると談志師匠は仁王立ちで、着物に着替える素振りもありません。出囃子は鳴り続けています。あたしは初対面だし、出過ぎた真似だとは思いましたが、「師匠、どうぞお着替えお願いします」と促しました。

だけど「俺がまだ来てないからもう一席？　なんだあの言いぐさは、てめえは素人か」と、かなりご立腹の様子。「申し訳ございません。あれしか言えなかったんです」と頭を下げても「俺は行かねえ」とおっしゃる。

そこであたしはカチンときました。そうなると、相手が誰でも言いたいことを言ってしまうのが性分です。まだ若かったし。

「すいません。でも精一杯やったんです。そこまで言われる筋合いはありません」

すると、師匠は「てめえ、俺を誰だと思ってんだ。俺の目の黒いうちは仕事させねえぞ」とか、もごもご言いながらも着替え始めて、高座に上がってくれたんです。その時、楽屋で二人のやり取りを見守っていた小野さんが、拍手喝采とばかりにこうおっしゃいました。

「いやあ、よくぞ言ってくれた。でも、談志が戻ってきたら何を言われるかわかったもんじゃない。君はこのまま帰りなさい」

師匠は小野さんのことを「兄さん」と呼んでいました。二人は古くから親しい間柄だったそうで。ともあれ、あたしは小野さんの助け舟で、脱出に成功したのであります。パーン、パンパン。

とは言え、前座が先に帰るなんて前代未聞です。人気者の談志師匠に楯突いたわけですから、内心はビクビクしていました。その後、国立演芸場での寄席に出演した時のこと。あたしは前座で、談志師匠がトリでした。前座ですから楽屋口で師匠をお迎えしなくてはいけません。

あたしはどういう顔をしたらいいのか困っていました。すると、車から降りた師匠はなんかごちゃごちゃ独り言をしゃべりながら歩いて来て、突然あたしに「なあ」とおっしゃったんです。そのひと言だけ。これはいったいなんなのか、ひょっとして許してもらえたのだろうかと思いながらも、あたしは真意を測りかねていました。

ところが、しばらくして談志一門が出演する銀座の寄席にお呼びがかかりました。「あたしなんかが出てもいいんですか」と師匠の事務所の社長さんに尋ねると「親父が出てくれと言ってるんだよ」と言うではないですか。

それから何度もお呼びがかかりましたが、師匠はあの時のことは一切おっしゃいません。これはあたしの推測ですが、師匠に対してあたしみたいに突っかかるような人間はいなかったんじゃないでしょうか。

いったいこの女はなんなんだろう、と興味を持ってくださったのは間違いありません。それからは銀座のバーなんかにも連れて行っていただきました。いや、行っても師匠は一人でしゃべり続けるだけなんですけどね。

それでも師匠に聞きたいことがありまして。その頃、寄席には毎日出ていましたが、ちっともうまくならなくて「芸が流れている気がします。どうしたらいいでしょうか」と尋ねてみたんです。すると、こんな答えが返ってきました。

「いいじゃねえか。お客はお前の芸なんか見にきてねえよ。お前を見に来てるんだ」

これにはハッとしました。いらぬ心配をするより、自分を磨き続けろということだと、あたしは受け取りました。「芸は人なり」という言葉があります。人生のすべてが芸に出るという意味ですが、師匠はそれを言いたかったのではないでしょうか。

しばらくして、師匠から「これを語ってみろ」と言われてカセットテープを渡されました。落語かと思って聴いたら、師匠がハリウッド女優のマリリン・モンローについて評論したものでした。あたしにモンローを語れ？　さすがは談志師匠、目の付け所が違います。

それからあたしはモンローを研究しました。彼女はとにかくたくさんのインタビューを受けていましたが、その受け答えが面白いんです。それで、彼女の言葉をつないで物語にしようと考えました。それが「モノローグ講談　マリリン・モンロー」。初演は一九九二（平成四）年です。モンローが身の上を一人称で語るという、前代未聞の講談です。あたしは金髪のかつらをつけ、レースの手袋、着物を短めに着て足には網タイツという出で立ちで、波瀾万丈だった彼女の短い一生を語りました。

ケネディ大統領の誕生生パーティーに突然現れて「ハッピーバースデー、ミスタープレジデント」と歌うところが見せ場です。あたしの色気もあって？公演は大好評。気を良くしたあたしは翌年、女優シリーズとして「オードリー・ヘップバーン」にも挑戦しました。名匠ビリー・ワイルダー監督が「彼女はたった一人で、豊かな胸を過去のものにしてしまうだろう」と評した妖精のような大スターです。

あたしも「ローマの休日」のような恋がしたかった。その頃は三勝三敗二引き分けといったところです。パーン、パンパン。

ま、そういうお話はのちほどゆっくりするとして。世間では毒舌で気難しいと思われていた談志師匠を相手に、向こう見ずなことをしでかしたあたしでしたが、師匠はいつも気に留めていてくださいました。

時は一九九三（平成五）年四月、あたしはＮＨＫで人気の公開生放送「クイズ百点満点」に出演しました。その日は納豆の特集。大塚範一アナウンサーの司会で番組は六問目まで順調に進行し、あたしはスポットライトを浴びて登場しました。

張り扇をパンパンと叩き、納豆のルーツについて語り始めます。

「ころはいつなんめりや。今を去る九百余年前、一〇八三年のこと」

ここまではよかったんですが……。

「ここ安房の国、いや……ここ陸奥の国、ここ陸奥の国、ここ陸奥の国」

陸奥の国を安房の国と言い間違えて歯車が狂ってしまったのか、次の言葉がどうしても出てきません。もう、頭は真っ白です。あたしは白旗を揚げました。

「申し訳ございません」

この間の沈黙、十五秒。大塚アナが機転を利かせて代わりに説明してくださっている間にスタッフが台本を講釈台に置いてくれたので、なんとかやり直したんですが、語りのプロにあるまじき大失態。最後にもう一度「申し訳ありませんでした」と頭を下げました。

実は風邪をひいて本番前に咳止めの薬を飲みすぎ、頭がボーっとしていたのですが、そ

モノローグ講談「マリリン・モンロー」

女優シリーズとして「オードリー・ヘップバーン」にも挑戦

んなのは言い訳にもなりません。週刊誌には書かれるし、仲間内からも批判されて、あたしはすっかり自信喪失してしまいました。

そんな時でした。談志師匠は雑誌の対談相手にあたしを指名して、こう言ってくださったのです。

「おい、お前やらかしたそうだな。絶句は何分だ。俺は民放で二分半の記録を持ってるぞ。悔しかったら抜いてみろ」「名人ってのはな、みんな大きな失敗をやらかすもんだ。これでお前も大看板になれる可能性がちっとはでてきたな」

その言葉には涙が出ました。山陽師匠からもはがきをいただきました。

「週刊誌は取材の電話で私から揚げ足を取ろうとしましたが、私は自分の失敗談や昔の名人がレコード録音ですら失敗したと実例を語り、取材者の意向を粉砕したつもりです」

春風亭柳昇師匠からも「ありゃあ、わざとだろ。さすがだねえ」と温かい言葉をかけていただきました。

その数カ月後です。太宰府天満宮で講演会があり、その頃すごく人気のあった奈良・薬師寺の高田好胤《こういん》管主と、あたしが招かれました。出番は当然、あたしが先だろうと思っていると、主催者から「高田管主は早くお帰りになるので、先に講演されます」と言われました。

ところが、管主はあたしの講演を最後まで客席で聞いておられたのです。そして、楽屋に戻ったあたしのところにわざわざ来られて、こんな言葉をかけていただきました。

「人間、窮地に陥った時にその人の本性が出ます。あなたが謝った姿に、その修行のすべてが見えました。あれでいいんです。あれで私はあなたのファンになりました。今日はそのことをお伝えするために来ました」

あたしは本当に多くの人に支えられているんだと実感しました。

さて、談志師匠ですが、ずっとあとになって病気で入院された時、お見舞いに伺ったことがあります。病室にはお見舞いのランの鉢植えがあふれんばかり。その隙間を縫っていかないと、師匠と奥様が腰かけているベッドにたどり着けないほどでした。

あたしは、お見舞いをなににしようか迷いましたが、のし袋に入れたわずかなお見舞金をおずおずと差し出しました。すると師匠は「おおっ」と満面の笑顔で、奥様にこうおっしゃいました。

「さすがは紅だ。ランの花はいくらあっても食えねえ。こんなときはコレに限るんだよ」

二〇一一（平成二十三）年、七十五歳で亡くなった談志師匠。毒舌の天才が見せた笑顔とやさしさは、今もあたしの心に焼き付いています。

第七章　真打昇進

時は一九八六（昭和六十一）年四月、あたしは二ツ目に昇進しました。山陽師匠に入門してから七年。正式に講談協会に入ってから二年が過ぎていました。福岡市の西日本新聞には「協会入り二年で二ツ目になったのは異例の昇進」と大きく取り上げられました。故郷とはありがたいものです。

でも、だからといって講談一本で食べていけると思いきや、そんなに甘くはありません。この頃、寄席に出演してもらえる「割（給金）」は二百円から五百円ほど。割というのは、お客の入場料の半分を会場のお席亭が取り、残りを出演者で割ります。なので、時によって違いますが、往復の電車賃になるかならないかぐらいでした。

今もお客の入りが悪い時は千円ぐらいの時もありますし、満員で五千円ぐらいです。ちなみにお金の話をしますと、あたしは今の弟子たちには稽古に来たら千円を交通費として渡し、掃除をしてもらった時は二千円を渡しています。

といっても、最近は弟子たちも忙しいので掃除をさせることはほとんどありません。稽古して食べさせて交通費を渡す、という感じですね。恵まれていると思います。あたしの頃は掃除に一時間はかけて、師匠の気持ちが稽古モードになるのを待っていたので、半日がかりでした。

正月には前座さん全員にお年玉を渡す習慣がありまして、一人千円。直弟子には真打に一万円、二ツ目以下には五千円を渡します。ほかにも、寄席で自分がトリを取ると、前座に一人千円を渡すという習慣もあります。食事に連れて行く師匠もいますが、人によってまちまちですね。

話を戻します。協会に入る前は、前にも書いた新宿の「秀新」という料理屋で働いていましたが、高座に出るようになると定期的なアルバイトはできません。それで、人前でしゃべる結婚式やパーティーの司会など、単発でできる仕事をしていました。

なかでも講談師ならではの仕事がありまして。それは「お散歩のご案内」とでも言えばいいんでしょうか。バスツアーで名所旧跡を巡るガイド役ですね。当時は五千円くらいのギャラがいただけたので、貧乏講談師のあたしにとっては破格の金額でした。

コロナ禍になるまでは盛んで、寄席が主催する「名所旧跡&寄席鑑賞ツアー」もあって、若手はずいぶんこの仕事のお世話になったようです。
勉強にもなります。バスは必ずしも時間通りに走るわけではありません。高速道路で渋滞にはまったりすると、即興で話を作ってつながなくてはならないんです。車窓から見える景色や看板、隣のトラックに描かれている絵……とにかく素材を見つけて話し続けました。

いよいよ困ったら、端唄や小唄をうたってしのぎました。日舞や三味線など講談以外の芸事を習い続けていたのが役立ったわけです。女優時代のマネージャーには叱られましたが、山陽師匠は逆に「万芸一芸を生ず」という言葉が座右の銘。あたしがいろんな習い事の沼にハマっているのを褒めてくれましたが、要はどんな経験も芸に生きる、生かせということでしょう。

二ツ目になった頃、師匠が書いてくれた文章を紹介しておきます。
「彼女は私の門下となって既に七年になるが、意を決して講談協会の前座修行をはじめた。だから講談師仲間の地位は前座であるが、演《や》りものによっては真打級と思われるほどの実力を発揮する。それに生来の芸事好きでいまだに和洋諸舞踊、歌三味線からタップ、ギター等、多岐にわたって稽古を続けている。このことは私の主張する『万芸一芸を生ず』を実現する最短距離に位置するものといえよう」パーン、パンパン。

と、褒められたあとでは言いにくいんですけど、実はガイド仕事は苦手でした。体力的にかなりきつかったんですよ。都内の神社仏閣を巡るぐらいならいいのですが、お正月の「新春・成田山新勝寺初詣ツアー」ともなると、目的地ではもちろん、往復のバスの中でも立ちっぱなしでしゃべります。簡単にはトイレにも行けないので、よく膀胱炎になっていました。それでも背に腹は代えられないんですけどね。

師匠に入門する前、あたしは杉並区の東高円寺駅から歩いて五分ほどの木造アパートに住んでいました。六畳一間、風呂なしです。市原悦子さんの付き人をやって帰宅すると、銭湯の時間には間に合わず、湯沸かし器のお湯で体を拭いていました。

だけど、講談の世界に飛び込む覚悟を決めたので、引っ越すことにしました。同じ東高円寺駅前にある1DKのマンションです。家賃は五万七千円。ユニットバスですが、好きな時にシャワーを浴びられます。これはうれしかったですね。

その頃の年収は百五十万円ほど。いつもおなかをすかせていましたけど、師匠や兄さんたちにご馳走してもらってしのいでいました。なにせ、お稽古事に費用がかかりすぎて、生活費に回すお金が足りません。

その上、芝居講談のようにスタッフの必要な大掛かりなものをやっていたわけですから。

だけど、芸事で生きていくには必要な投資です。だから、そんなお金は父に「必要だから送って」と電話していました。父もそういうお金は出してくれましたから、あたしは恵まれていたと思います。

さて、二ツ目に昇進したあたしに、映画出演の話が舞い込みました。講談一本で生きようと思ってはいたものの、悪い気はしません。しかも、指揮を執るのは今村昌平監督。一九八三（昭和五十八）年に「楢山節考」でカンヌ国際映画祭の最高賞、パルム・ドールを受賞した巨匠です。

今村監督はその後、一九九七（平成九）年に「うなぎ」で二度目のパルム・ドールを受賞。二度の受賞はフランシス・フォード・コッポラ監督らに並ぶ快挙でした。

その今村監督のオーディションを受けたら「決めました」とおっしゃる。これはいい役がもらえるかもしれないと期待しましたが、もらえたのは「からゆきさん」と呼ばれた娼婦の中の一人「オツノ」という役でした。

映画のタイトルは「女衒《ぜげん》　ZEGEN」。明治後期から昭和初期に東南アジアで女郎の売買をした女衒の親分、村岡伊平治の物語です。女衒に売られた農漁村の貧しい家の娘たちが「からゆきさん」でした。以前、あたしが師匠に入門した頃に「ジャパゆきさん」が問題化していたと書きましたが、その語源です。

主演は伊平治を演じる緒形拳さん、彼の愛する幼馴染の娼婦役が倍賞美津子さん。一九八六（昭和六十一）年九月から、マレーシアの古い港町マラッカに作ったオープンセットを拠点に、マカオ、香港、台湾で三カ月にわたるロケがスタートしました。

しばらくすると、監督が毎夜のように「部屋に来なさい」とおっしゃる。別に変なことはなにもないですよ。監督は台湾やマレーシアの歴史に関する分厚い本を開いて話をしながら、からゆきさん役の女優たちのことをあれこれ聞いてきます。

ただそれだけのことだったんですが、これが反感を買いました。からゆきさん女優たちは「監督は紅さん一人のものじゃありませんよ」と不満を爆発させ、収拾がつかなくなりました。でも、倍賞さ

映画「女衒」では娼婦オツノを演じた

んはさすが。彼女たちの話をじっと聞いたあとに、こうおっしゃったのです。

「みんな女優なんだから。監督から注目されたきゃ、あんたたちも自分で売り込めばいいじゃないの。はい、解散」パーン、パンパン。

ところが、これは火に油をくべるようなもの。あたしはますます孤立してしまい、チーフ助監督に「もうやめたい」と相談しました。すると「今村監督は『俺もまだまだモテる』と言ってたよ」と言うじゃないですか。えーっ、どういうこと？

どうやら監督は、旅行気分の抜けない女優たちを娼婦に仕立て上げるため、あたしを使ってわざと人間関係を悪化させるよう仕組んだようなのです。

さすがは巨匠だと言いたいところですが、悪者にされたあたしはたまったもんじゃありません。孤立は深まるばかりで、すっかり落ち込んでしまいました。

でも、そんなあたしの姿を見て同情したのか、ある女優さんが「これ聴いてみて」とカセットテープをくれました。

入っていたのは尾崎豊の「15の夜」という曲でした。

「自分の存在が何なのかさえ　解らず震えている15の夜」

その時のあたしの心情を歌っているかのような歌詞に、人知れず泣きました。それからは尾崎のファン。帰国してからコンサートにも出かけました。

帰りの飛行機の中でも、共演者の河原崎長一郎さんが「これ読んでみたら」とそっと一冊の本を手渡してくれました。川柳作家、時実新子さんの「花の結び目」です。

少女時代にいじめられ、十七歳で嫁いだあとも夫の暴力に苦しみ、それでも必死で川柳を詠み続けた半生が赤裸々に綴られていました。その壮絶な生き方と、川柳界の異端児としての覚悟のほどを知って、あたしの悩みなんてまだまだだと思えたんです。すごいと思った一句がこれです。

《花火の群れの幾人が死を考える》

華やかな花火を見ている人の中にも死を思っている人がいるという落差、はかなさが特に好きです。その後、新聞のインタビューで「新子さんの川柳は、いつも死と隣り合わせ。しっかりと死を見つめた上で、生の花を咲かせている。誰に何を言われても、自分の命を吐き続ける新子さんの姿に、いつも勇気づけられている」と話したのがきっかけで、ご本人と手紙のやり取りもしました。

新子さんは雑誌のエッセーに「カンダクレナイというひびきがキパキパ美しくて、一度聞いたら忘れられない名前である」と書いて、自作の川柳を添えてくださいました。

《わたしから散る散る　くれないの山茶花《さざんか》》

いつでもお会いできると思っているうちに、二〇〇七（平成十九）年に亡くなられ、本当に残念でした。

ロケ先ではもうひとつ、その後につながる出来事がありました。共演した杉本哲太さんから「紅さん、将棋やろうよ」と誘われて指しているうちに、面白くなったんです。帰国して、アマチュア六段の山陽師匠に手合わせを願うと大喜びで。あれよと言う間に、親しくされていた大山康晴十五世名人との誌上対局を設定されたんです。

これがきっかけでプロ棋士の方々とのお付き合いが広がり、師匠の後を継いでNHKの将棋番組や札幌の将棋まつりでは解説の聞き手も務めさせていただきました。

演歌歌手として「おゆき」が大ヒットした棋士の内藤國雄さんからは、貴重なお話を伺いました。初めてお会いして「内藤國雄です」とフルネームでご挨拶されたので、丁寧な方だなと驚いていると、それにはわけがあると。

ある歌番組のリハーサルで出番を待っていると、見知らぬ女性が美空ひばりさんの歌を歌っていて。お付きの人が口パクで歌っているんだろうと思っていたら、その人が内藤さんのところに来て「美空ひばりございます」と。まさかのご本人。しかもフルネームで丁寧に挨拶され、感銘を受けられたそうです。それを聞いて、あたしも見習うことにしました。

さて、大山名人との対局は名人の六枚落ち、もう一人を相手に二面指しです。師匠があたしの後ろにいて、間違いそうになると咳払い。おかげでなんとか勝ちましたが、大山名人は「次は咳払いなしでね」と笑っていらっしゃいました。

女衒のロケですっかり落ち込んだあたしでしたが、手を差し伸べてくれた人たちのおかげで、得たものも大きかったと思います。

あ、ひとつ残念なことを思い出しました。マラッカでの撮影で、娼婦役のあたしが客を送り出し、伊平治役の緒形さんを迎えるシーン。周囲には数百人の見物客がいます。台本には「上半身裸のオツノ（あたし）が客を送り出す」と書いてありました。

二度のリハーサルは浴衣を着ていたんですが、本番はなんの指示もありません。そこへ「はーい本番」と監督の声。慌ててメイクさんに「脱ぐの？」と尋ねると、確認してきて「台本通りですって」。すかさずカチンコが鳴ります。

え〜い、やるしかない。あたしは一気に浴衣を脱ぎ捨て、腰巻姿で演技をやり通しました。監督のオーケーが出ると、それまで静まり返っていた見物客が「わーっ」と騒ぎだし、不穏な空気に。それもそのはず、マレーシアで裸はご法度。ちょうど直前にフランスの撮影隊がそのことで国外退去になったばかりだったんです。

予想外の展開になりましたが、今村監督は「紅が勝手にやったこと」と素知らぬ顔。それでなんとかその場は収まりました。監督の腹芸をスタッフがあうんの呼吸で理解し、支える。「今村組」のチームワークのすごさを垣間見た一瞬でした。

でも、覚悟を決めて臨んだそのシーン、なんとカットされてしまいました。無念なり。パーン、パンパン。


帰国したあたしは、以前にも増して講談に対して貪欲になりました。一九八七（昭和六十二）年三月には、芥川龍之介原作の「桃太郎」を「紅ひとり芝居講談」として初演。泉鏡花の芝居講談を演出してくださった小田健也さんから薦められて実現したんですが、芥川のリズミカルな「である」調が講談にぴったりでした。

四月からは、笑福亭鶴光さんがパーソナリティーを務めるニッポン放送の平日夕方の帯番組「鶴光の噂のゴールデンアワー」に生出演。「出前講談！　紅参上」のタイトルで、月曜日から金曜日まで毎日、午後四時から街に飛び出すリポーターに挑みました。

故郷・福岡市の西日本新聞が発行する西日本スポーツでは「紅のシネマ講釈」と題した連載をスタート。あたしなりに旬の映画を評論するコラムです。翌一九八八（昭和六十三）年からは、日刊スポーツ映画大賞の審査員に起用されました。

そして同じ年、あの「源氏物語」を講談調で訳した著作「紅恋《ぐれん》源氏物語」を出版しました。知り合いの出版編集者から薦められたのがきっかけです。だけど「いづれの御時にか……」で始まる「桐壺」から読みだした初めの頃は、頭痛に襲われましたね。

なんせあたし、高校時代から古典は大の苦手。それでも古語辞典と首っ引きで原文を全編読破。谷崎潤一郎や与謝野晶子の訳本も読みました。問題は紅流の特色をどう出すか。そこで四回も五回も書き直しながら、訳文の間に独断と偏見で解説を入れ込むことにしました。たとえば、こんな感じです。

「ホラホラ源氏の浮気虫が動き始めましたヨ。いい女がいそうだとひらめくと、すぐに行動するのがゲンジなのです。こういう積極性って今の男性にもほしいわネ」

そう言えば、母校の修猷館高校で講演した時に、男子生徒から「失恋して心の痛みが治まらないんですが、どうしたらいいんでしょうか」と質問されたことがあります。あたしは、時が過ぎれば忘れられるけど、どうしても忘れられなかったら源氏物語を読みなさいと答えました。たくさんの失恋話が書かれていて、光源氏だって失恋している。千年前から変わらず誰でも失恋するんだよ、と。納得してくれたかなあ。

著作をもとに講談「紅恋源氏物語」もやりました。出版パーティーも兼ね、上野広小路の「本牧亭」で。十二単をイメージしたきらびやかな衣装に身を包んだ演出は、大好評。ずいぶんあとですが、二〇〇八（平成二十）年にフランス・パリでの独演会でも上演しました。

「紅恋源氏物語」（2012 年 6 月独演会）

あ、その時はフランス語でも挨拶したかったので、語学学校にも通いました。以来、朝のNHKラジオ講座「まいにちフランス語」も聞いています。今、あたしの一日は六時半のラジオ体操から始まって、七時半からフランス語、そして朝ドラが定番です。でも、フランス語はぜんぜん上達しません。先日、フランス人のご夫婦から話しかけられて「2」を「ドゥ」と言うところを英語で「ｔｗｏ」と言ってしまって。それでも、学び始めるとやめられない。これもいつか「万芸一芸を生ず」で、芸の役に立つんでしょうか。

さて、そんな努力が報われる日がやってきました。

時は一九八九（平成元）年十二月六日、あたしは真打に昇進しました。山陽師匠に入門してから十年、正式に前座修行を始めてから五年で一人前の講談師として認められたのであります。パーン、パンパン。

本牧亭で、五日間にわたる昇進披露興行の幕が開きました。江戸時代末に開場した講談の定席、本牧亭は翌年初席をもって閉場することになっていたので、あたしが「幕引き真打」ということになりました。

真打披露パーティーの主賓は三井物産会長の八尋俊邦さん。あたしは「八尋のおいちゃん」と呼んでいました。実は父の従兄なんですが、あたしは上京して初めて会いました。

すごく豪放磊落《ごうほうらいらく》な人で、よく赤坂の料亭で飲んでいる席に呼ばれました。あたしに一席語らせるわけじゃないんですよ。貧乏だったあたしに飲ませ食わせしてくれるわけです。

それに人脈がすごかった。東映の社長だった岡田茂さん、のちにソニーの社長になる出井伸之さん、首相になる森喜朗さん……政財界の重鎮を紹介してもらって。二次会はご贔屓の芸者がやっている店でわいわいやるんですけど、仕事の話は一切なしです。

八尋のおいちゃんは「その日の仕事はその日のうちに。翌日まで絶対持ち越さない」という主義。店の厨房で、オムレツを作ってみんなに振る舞うんです。それで嫌なことは忘れる。座右の銘は「ネアカ伸び伸びへこたれず」。最後の「へこたれず」というのが一番大事なんだよ、といつも話してくれました。

岡田さんには失恋の相談をしたこともあります。車で送ってもらいながら「振られた時はどうしたらいいんでしょうか」って。岡田さんは笑いながら「いいなあ、俺にもそういう時があった。大丈夫、時間がたてば間違いなく忘れられるから」と。あ、あたしが修猷館の男子生徒にアドバイスしたのは、この受け売りだということがバレましたね。

もう一人、真打昇進のお祝い金を百万円、ポンと出してくれたのが後楽園スタヂアム社長だった保坂誠さん。父と仕事の関係で仲が良かったそうで、初対面で「トンビが鷹を生むとはこういうことだな。君のお父さんにこんな美人が生まれるとは夢にも思わなかった」

真打披露パーティーで挨拶する神田山陽師匠（中央）。一番左があたし

とうれしいことを言ってくださる。よく食事をご馳走になりました。

ある時、女性社員をうまく使うにはどうしたらいいか、と尋ねられました。「権限を与えなきゃ駄目ですよ。これからは女性を活躍させてナンボだから」と答えると「なるほど。俺ぐらいの年齢になると誰も何も言ってくれないんだよ。これからは紅ちゃんにご意見番になってもらおう」と納得された様子。経営者は孤独なんですね。保坂さんにいただいたお金で、後ろ幕の代わりにきもの研究家、綾秦節さん制作の紅白の振袖を一対にして飾りました。

財界の大立者お二人からは口上も寄稿していただき、山陽師匠は大喜び。あたしは古典の「黒田節の由来」「南部坂雪の別れ」、創作講談の「紅恋源氏物語」「芥川龍之介の桃太郎」「滝の白糸」など自信作を五日間で演じ切りました。興行は連日大入り満員。通路までお客があふれて沸き返ったのでありました。パーン、パンパン。

この真打披露当日の午前中、ちょっとした事件がありました。あたしが本牧亭の高座で稽古をしていると、酔っ払ったお客が紛れ込んできました。稽古中だと言うと「俺は客だ。なんで客に見せられないんだ」と難癖をつけるんです。さすがのあたしも切れました。

「てやんでぃ、あたしだって命懸けでやってるんだ。帰ってくれ!」

その顛末を見ていた人がいまして。たまたま取材に来ていた東京新聞の平岩貴司さんという方でした。その平岩さんが「姉《あね》さん、あの啖呵にほれ込みました。ぜひ一緒にイベントをやりましょう」と言うのです。

実はこの頃、山陽師匠から言われていたことがありました。前にも書きましたが、あたしはそれまで、芝居講談や独演会など費用がかかる公演には、父から資金を借りていました。それを知っている師匠は「芸人はお金を出して会をやるものではない。人から出してもらってやりなさい」とおっしゃる。当然です。

あたしは平岩さんと相談して、女流芸人が作品を発表する場を作ることにしました。題して「ウーマンティナー」。ウーマンとエンターテイナーを掛け合わせた造語です。「ウーマンって、いイナー」という意味も込めました。

東京新聞主催でスポンサーを決め、銀座のホールで二カ月に一回、新作を発表します。レギュラーはあたしと落語の古今亭菊千代さん、津軽三味線の二代目高橋竹山さん、妹弟子の神田茜。それに毎回、違うゲストを呼んでトークします。

歴代ゲストは俳優、歌手、作家などそうそうたるメンバーでした。名前を挙げると、原田芳雄さん、椎名誠さん、坂田明さん、なぎら健壱さん、柄本明さん、谷啓さん、村松友視さん、北村英治さん、荒戸源次郎さん、佐野史郎さん、長谷川きよしさん、鴻上尚史さん。一九九一（平成三）年から二年間、十二回開催。二〇〇〇（平成十二）年からも場所を変え、七回開催しました。

スポンサー提供のハンドバッグが当たるという仕掛けと、豪華ゲストのおかげでいつも満員。ゲストは原田さんの命名で「いけにえ」と呼ばせていただいておりましたが、みなさん女流芸人を励ましてくださいました。

同じ頃、故郷の福岡でも新しいことを始めておりました。福岡で発見された国宝「金印」のレプリカを小学生に配り、金印発見の講談を聞いてもらうという運動です。これは、修猷館高校の先輩で西日本新聞社の権藤宣威さんが仕掛け人でした。

「漢委奴国王《かんのわのなのこくおう》」の文字が刻まれた金印をきっかけに、郷土の歴史に興味を持ってもらうのが目的。同時に講談で日本語の美しさも知ってほしいという思いで、一九九八（平成十）年から二十年ほど続けました。金印発見のストーリーを聞いて、どんどん輝きだす子どもたちの目が忘れられません。

あ、そうだ。書き忘れそうなので、ここで父の話を少し。財界の大立者を紹介してくれた父ですが、本人も仕事でよく東京に出てきては遊んでいました。あたしもその度にステーキをご馳走になり、銀座のクラブにお供で行くんです。

すると、ホステスさんたちが「あら、ひーさん。新しい彼女なの?」と冷やかします(樋口ですから)。父は渥美清さんみたいな細い目なので、あたしとはぜんぜん似てないんですよ。それで吉本新喜劇の真似なんかして笑わせて、しかも金払いがいいから人気者。家で見るのとは全く別人で、あたしは驚きました。

母もその辺はわかっていたようで「パパが東京に行ったら、もらえるだけお金をもらっときなさい。どうせ使ってくるんだから」と、むしろあたしに薦めます。でも、父は自腹で遊んでいたので、晩年になって貯金がほとんどないことがわかって、母は泣いていました。あたしにも随分と援助をしてくれたので、責任の一端はあるかなと思うんですけど。まあ、よしとしておきますか。

第八章 出会いと別れ

真打として仕事に燃えていたあたしですが、そういう時は、得てして恋の炎も燃えるものです。時は一九九一（平成三）年四月十四日、あたしは千代田区一ツ橋の如水会館で挙式しました。相手は戸井田修という司法書士。もちろん、今も連れ添っております。

彼の話をする前に、あたしの恋の遍歴をお話ししましょうか。別に聞きたくない？ まあ、そうおっしゃらずに聞いてくれない？ ここだけの話ですから。

前に「三勝三敗二引き分け」と書きましたが、あたしの数え方では自分から振ったのが「勝ち」。振られたのが「負け」。自然消滅が「引き分け」です。大学浪人時代、車に飛び込んだ大失恋は「負け」の代表格。もう、大負けですね。

なので、勝った話をひとつしましょう。早稲田の劇研に入ってしばらくした頃です。あたしはなかなか訛りが抜けなくて悩んでいました。今は福岡の人でも、昔ほど方言は使わなくなっていますから、そうでもないかもしれませんけどね。

そんな時に先輩から「訛りを直すには、東京の人と付き合うのが早道だよ」と言われて。ちょうど早稲田の同級生に気になる人がいたので、付き合い始めます。東京の生まれ育ちの人だったので、本当に言葉には慣れました。でも性格が合わなかったんでしょうね。振ったんです。ほかに好きな人ができたと言って。やさしい彼だったから、今から考えると残酷ですよね。

するとある夜のこと。アパートに帰ったら、ふすまに包丁が突き刺さっているじゃありませんか。そりゃあ、恐ろしかった。自分本位に振った報いです。その後、彼はなんと大学を辞めて前衛舞踏グループに入ってしまいました。

あたしのせいで、せっかく入った大学を辞めるなんて、彼のご両親には本当に申し訳ないことをしたなと……。しばらくして、彼がテレビ局のディレクターになったと聞いて、少しほっとしたんですが。

やっぱり、振るより振られた方がいいですね。どちらも苦しいのは同じですが、振ったら罪の意識がずっと残るので。とは言うものの、自分を振った人を忘れるには時間が必要です。女優時代には、そんな恋もありました。

付き合っていた彼は俳優で、舞台に出ていました。その頃、なんだか様子がおかしいことに気づいたあたしは、彼の仕事場に行って外で待っていたんです。そうしたら、ほかの女優と一緒に出てくるじゃないですか。それであたしはピンときて、よせばいいのにあとをつけました。まるで探偵です。

二人が乗った電車に別のドアから乗って。様子を観察していると、そろそろ電車を降りそうです。あたしは次の駅で素早く降りて、二人が出てくるドアの前にぬうっと顔を出しました。その時の二人の反応は今もはっきり覚えています。

「ギャー」と叫んで目を見開き、腰も抜かさんばかりの驚きようでした。ホラー映画のクライマックスシーンみたいに。そのままドアは閉まって、電車は二人を乗せて行ってしまいました。あたしは嫉妬でどうにかしていたのかもしれません。とにかく、自分が突然現れたら二人がどんな顔をするか見てみたかったんです。

彼にはあとで電話しました。彼女とそういう仲なのかと聞いたら、否定しません。思った通りでしたが、どうしても彼のことが忘れられませんでした。それからは電話をかけてみては彼が出る前に切る、の繰り返しです。

「ダイヤル回して　手を止めた」っていう歌があるでしょ。小林明子さんの「恋におちて ― Fall in love ―」。あの状態です。自分をコントロールできなくて、誰かがそばにいないと電話をかけてしまいそうで。あたしは親友の家に泊まりに行きました。

この親友というのは、塩谷啓子と申しまして。あたしが講談師になってから、何度も取材してくれたライターさんでした。同い年で彼女にも演劇経験があったので、いつの間にか仲良くなったんです。

彼女はあたしの未練がましい話を辛抱強く聞いてくれていましたが、三日ほど過ぎた夜のこと。うじうじと話をしていると、こちらに向き直って言い放ちました。

「もう、いい加減にしてくんない！　紅ちゃんらしくもない。すっごくみっともないよ」

よくぞはっきり言ってくれた。そのひと言で、あたしは少し目が覚めた気がしました。

だけど、まだ頭がぼーっとしています。そんな時、あたしの心の傷を癒してくれたのが、もう一人の親友、大野智子でした。文学座の演劇研究所にいた頃、アルバイト先で知り合って以来の古い仲です。今もあたしの制作を手伝ってくれていて「大野ちゃん」と呼んでいます。

彼女はその頃、あたしのマンションの近くに住んでいました。あたしの様子が変なので、よく訪ねて来てくれていたんですが、ある時、あたしはガス管をくわえようとしていたらしいんです。混乱していたので、記憶がおぼろげなんですけど。

驚いた彼女は「なにやってんのよ！」と大声で怒って。呆然自失のあたしに「明日から朝はうちにおいで」と言ってくれました。それからは、料理上手な彼女からモーニングを食べさせてもらう日々。そうしているうちに、少しずつあたしはまともになっていきました。親友二人には本当に感謝しています。

実はその頃、山陽師匠に代演をお願いしたことがあります。失恋して泣いて泣いて、なぜか唇が腫れ上がってしまったんです。電話で「唇がタラコのようになって、人前に出る顔じゃないんです」と言うと、師匠は「はい、わかりました」と理由も聞かずに引き受けてくださいました。

そのあと少ししてお会いした時には、こんな風に慰めてくださいました。

「君にもそういうことがあるのかい。ブロークンハートだろう?」

あたしが黙って頷くと、しみじみとした感じで、こうおっしゃったんです。

「僕にも経験がある。紅君、現世では本当に好きな人とは一緒になれない。運命の人によく似た人と一緒になれるんだよ」

夫に出会ったのはそのあと、真打に昇進する前年のことです。それが不思議な話で。当時、あたしは東高円寺駅前の六階建て賃貸マンションの五階に住んでいました。ところが、東京都庁が西新宿に移転することになって利便性がよくなるからでしょうか、地上げされてしまったんです。

大家さんから出て行ってほしいと言われましたが、あたしは仕事が忙しくなったこともあり、移転先を探す暇もなくて最後の一軒になってしまったんです。すると、嫌がらせが始まりました。エレベーターは止められ、部屋の前にゴミは捨てられ、挙句には「神田紅か。今から行くからドア開けて待ってろ」という脅しの電話までかかってくるようになりました。

困ったあたしは、小野栄一さんに相談しました。ブラジルに連れて行ってくれて、談志師匠と出会うきっかけを作ってくださった、あの方です。小野さんはボードビリアンとして有名ですが、不動産にも詳しかったことを思い出したんです。

そしたら、小野さんは大家さんに掛け合って、なんと立ち退き料をもらってくださったんです。ほんとうにお世話になりました。それでこの際、立ち退き料を頭金にしてマンションを買おうと思い立ちました。

芸人とは縁起を担ぐもので、日本舞踊を習っていた藤間勢子先生に気学で占ってもらいました。それまでも、なにかあると相談していたんです。すると、先生は「紅さん、あなたチャンスが来たわよ。東に行きなさい。仕事と結婚が待っています」とおっしゃる。

その話を大野ちゃんにして、地図で東高円寺から東へたどってみました。すると、彼女が「ここって、向島じゃない？」と声を上げます。墨田区向島は彼女の実家があるところ。その頃、彼女は離婚して実家に戻っていたんです。下町の人情があって、隅田川の花火大会も見えるというではないですか。

花火好きのあたしとしては、運命を感じました。早速、花火の見える中古マンションを探して即決。契約関係やら不動産登記やら手続きが必要なので、親しくさせていただいていた司法書士事務所の所長さんに相談しました。すると「うちの若手のエリートを付けましょう」と引き受けてくださいました。

そこで現れたのが、今の夫だったんです。でも、あたしよりは年下に見えましたし、所長さんも「妹弟子でも紹介してあげてください」とおっしゃる。早速、妹弟子に「映画でも見に行ってあげて」と薦めて、舞台を整えたつもりでした。

だけど直前になって、妹弟子が「姉さん、やっぱりそういうのは勘弁してください」と言うじゃないですか。仕方がない。あたしが代わりに行くことにしました。それがお付き合いの始まりになろうとは、人生ってわからないものですね。

最初は二人ともお互いの年齢を知らなかったんです。あたしは彼を三十歳ぐらいだと思っていましたし、彼はあたしを少し年上ぐらいに見ていたそうです。本当は、当時の彼は二十四歳。あたしは三十七歳でしたから、十三歳も年下だったんです。でも、とてもそうは見えなかったらしいですよ、あたし。ま、今さら自慢しても仕方ないんですけどね。彼はあたしの高座をよく見に来てくれて、お父様にも「付き合っている人です」と紹介してくれました。でも、最初は彼のご両親も歓迎していなかったと思いますよ。ひと回りも年上の女芸人なんですから。

うちの父は結婚に反対しました。理由を聞くと「男は若い女がいいんだ。今はよくても年を取るとそうなる」と言い切ります。まあ、父はそうだったんでしょうね。

そこで「さあ、あたしだって彼よりもっと若い男がいいと思うかもよ」と言い返してやったんです。それで父はようやく諦めました。山陽師匠からの「男女に年齢差は関係ないよ」という言葉にも背中を押され、あたしたちは晴れて夫婦となったのであります。パーン、パンパン。

挙式後は、香港へ新婚旅行に出かけました。帰国して雑誌のコラムに「婿をめとらば、ひと回り下」と書いたんです。それで義母からは「息子をネタに使わないでちょうだい」と叱られました。うちの母からも「そりゃそうだよ」と言われました。あたしも調子に乗りすぎましたね。ごめんなさい。

だけど、夫にべったりしていたのは一週間ぐらいでした。別に仲違いしたわけじゃありません。あたしの仕事が忙しくて、帰ると彼は寝ているし。電話で「明日はどうするの」なんて話すようなすれ違い夫婦でした。でも、もっと驚く話があるんです。

夫は、埼玉県秩父市で一九五四（昭和二十九）年に開業した司法書士事務所の三代目。熊谷高校の野球部で甲子園に出場し、一橋大学ではアメリカンフットボール部でクォーターバックとして活躍したそうです。

それであたしは「どうして野球選手にならなかったの？」と聞いたんです。すると彼は「だって、司法書士になるように育てられたから」と言うじゃないですか。あたしが「それは親が決めたことなんでしょ。自分がなりたいものになればいいじゃん」と言っても、きょとんとしていました。

その頃、ちょうどゴルフが流行っていました。あたしも始めたので、なにかのきっかけになればと彼にも薦めたんです。彼は「あれは遊びだから」と興味はなさそうでしたが、あたしは道具一式をプレゼントしました。そうしたら、見事にハマったんです。野球とかアメフトとか、もともとスポーツにのめり込む人ですから。テレビで研究して、朝も夜も練習です。

それであたしが「そんなに好きならプロを目指せば？」と水を向けると、目を輝かせて「やっていいの？」と言うじゃないですか。アメリカ・カリフォルニア州のパームスプリングスにあるゴルフスクールに行きたいというのです。

焚きつけた手前、あたしもあとには引けません。「生活費は仕送りするから」と約束して、彼のゴルフ留学が決まりました。それから五年間はアメリカとニュージーランド、帰国してからは千葉とか国内を転々としまして。結局、十年が過ぎました。

だけど、プロテストの壁は高くて、なかなか合格できません。彼も四十歳近くになり、義母から「そろそろ事務所に戻して、跡を継がせてほしい」と催促されます。でも、義母が泣いて頼んでも、彼はなかなか首を縦に振りません。

そこで、あたしの出番です。プロを諦めろと言うと彼のプライドを傷つけるだろうと思って、逆のことを言いました。

「まだシニアプロは目指せるんじゃないの？ あと十年頑張ってよ」

するると彼は申し訳なさそうな顔で、こう答えました。

「応援してもらったのに悪いなあ。だけど、母に泣かれてね」

そう言って、彼はしばらくして司法書士の仕事に戻りました。

だけど、わが夫ながらすごいと思うのは、自分で一度やろうと決めたことへの集中力です。あたしも練習好きですけど、あの集中力と計画遂行力は欲しいなと思います。彼はゴルフプロを諦めて司法書士に戻ると、四十歳からピアノを始めました。今はモーツァルトやベートーベンを弾きこなします。

最近は縫製に凝っていて、秩父の家には工業用ミシンが三台あります。コロナ禍でマスクを作り始めたのがきっかけでしたが、今やあたしや大野ちゃんのパジャマは夫が作ってくれます。

あ、コロナ禍で思い出しましたが、助かっていることがあります。実は夫とは共有財産制にしておりまして、マンションも二人の名義です。結婚する時に芸人仲間から「女が稼ぐと男はヒモになるから」と口酸っぱく言われたので。それで、ゴルフ留学の時も形だけですが借用証を書いてもらっていました。それを毎月、返金してくれています。仕事のないコロナ禍の間は本当に心強かったです。ありがとう。

そんな夫は秩父で仕事をしているので、ゆっくり会うのは年に三回ぐらい。ゴルフ留学の時もそうでしたが、メールでやり取りする「メール夫婦」です。普通のご夫婦とは違う形ですが、ずっと彼氏のままという感じでしょうか。あら、のろけに聞こえましたかしら。失礼！　パーン、パンパン。

結婚して二年が過ぎた頃、思わぬ方から電話がかかってきました。科学技術庁長官の江田五月さんです。その頃、日本の政界は自民党が初めて下野して、日本新党代表の細川護熙さんが首相になっていました。

江田さんとは面識はありましたが、何事かと思ったら「参与になっていただきたい」とおっしゃる。聞くと、あたしが雑誌に「女性初の宇宙飛行士になったテレシコワさんみたいになりたかった」と書いたのを読んで、オファーをくださったとか。

「子どもたちに科学の面白さを伝えてほしい」というのが、あたしへの要望です。名誉職なのでお金はもらえません。でも、宇宙に憧れていたあたしは、これもなにかの縁だと思って引き受けました。同時に一般財団法人・日本宇宙フォーラム理事という肩書もいただきました。

ずっとあとになって知ったのですが、この時、江田さんにあたしの文章を見せて「面白い人がいる」と推薦してくれたのは、科技庁の職員だった修猷館高校の先輩でした。その先輩と面識はありませんが、感謝しております。

あたしは早速、茨城県つくば市の筑波宇宙センターを訪ねて、国際宇宙ステーションのモックアップ（模型）や、ロケットエンジンの実物を拝見しました。想像していたよりもずっと大きくて、どうやったらこんなものが宇宙に行くのか、不思議でなりません。子どもの頃、大好きだったアメリカのSFドラマ「宇宙家族ロビンソン」が単なる夢物語ではなく、現実味を帯びてきて感動しました。

ランチには、毛利衛さんがご一緒してくださいました。日本人初の宇宙飛行士として一九九二（平成四）年、スペースシャトル「エンデバー号」に搭乗されてから間もない頃です。余計なものをすべて削ぎ落としてしまったかのような、シンプルで清々しい人柄が印象的でした。「人類の夢」という壮大なものに自分を懸けて挑んでいるからなのだろうと、つくづく思いました。

日本人女性初の宇宙飛行士、向井千秋さんにもお会いしました。一九九四（平成六）年にスペースシャトル「コロンビア号」、一九九八（平成十）年に「ディスカバリー号」に搭乗して、二度の宇宙飛行を成し遂げた方です。

二〇〇六（平成十八）年春のことでした。フランスの国際宇宙大学で客員教授をされていた向井さんが一時帰国された時、ご一緒する機会があったのです。あたしとは同い年だし、フランクな方でした。

おしゃれは流行を追わずシンプル、化粧っけなし。桜をあしらった着物姿のあたしを見て「着物はいいわね。やっぱり季節にあった柄を着るのね」とおっしゃる。褒めていただいたので「向井さんこそ素敵。パリジャンはブランドなんか持たないって聞くけど、向井さんは?」と質問すると、キッパリとした答えが返ってきました。

「たしかにフランス人はブランドなんて買わないし、私もそう。ブランドのバッグは重くて実用的じゃないし、高すぎるもの。紅さんもそうよね？」

そう言われて、あたしはドギマギしてしまいました。実は念願だった某ブランドのバッグを二つも買ったばかりだったんです。

向井さんが日本に帰ってきて楽しいのは「百円ショップ」だとおっしゃる。「いろんなヒントがあって発想が生まれるから」だそうで。そういえば、彼女が宇宙に持っていったクマのぬいぐるみは、NASA（米航空宇宙局）の基地があるヒューストンのディスカウントショップで買った廉価なものでした。

自分なりの価値観をしっかり持っている向井さんは、やはりカッコいい。あたしもそんな生き方が理想だったはずなのに、いつから俗物化してしまったのだろうか。情けない。そう思って「おしゃれの極意はなんですか」と聞くと、目からウロコの答えが返ってきました。

「自分らしくあること。そうすればカッコいい」

なるほど、そうです、その通りでございます。パーン、パンパン。

科技庁の参与になって、あたしはソユーズやアポロなどについて語るサイエンス講談「ロケットの歴史」や、音楽講談「惑星」を創作しました。音楽講談は、イギリスの作曲家グスターヴ・ホルストの組曲「惑星」に合わせ、太陽系惑星のスライドを見せながら語ります。

あ、そう言えば太陽系の小惑星帯にある小惑星に「神田紅」（12769 Kandakurenai）という名前も付けていただいたんですよ。一九九四（平成六）年に北海道の方が発見されたもので、本当に光栄です。

向井さんとはその後もご縁がありまして。わが家では毎年、隅田川の花火大会を見る会を催しております。親友の大野ちゃんと娘のアミちゃん、そして弟子たちに手伝ってもらってお客様をお迎えします。多い時には七十人ぐらいになります。

ここに向井さんのお母様と、宇宙飛行士若田光一さんのお母様に来ていただいたことがあります。お二人は仲良しだそうで、楽しそうにしていらっしゃいました。JAXA（宇宙航空研究開発機構）で宇宙飛行士室長をされていた寺門邦次さんから紹介していただき、ご縁ができました。

コロナ禍の期間中は花火がなくて寂しかったですが、また復活したので、紅亭でも夏の風物詩を続けていきたいと思っております。

さて、時を少し巻き戻します。二〇〇〇（平成十二）年十月三十日のこと。あたしは能登半島の先端に近い石川県鳳珠郡能登町というところにおりました。講演を終え、日本海を望む海岸に縁結びの鐘があるというので、鳴らしていたんです。

すると、携帯電話が鳴ります。

「師匠が危篤です」

妹弟子の神田京子からでした。山陽師匠は、三日前まで彼女に稽古をつけていたんですから、にわかに信じられませんでしたが……。九十一歳。腎不全のため、都内の病院で亡くなりました。

師匠は苦しむことなく、最期はなにかを語っていたようです。息子さんたちは「講談の稽古をつけていたんだろう」とおっしゃいましたが、本当にそうかもしれません。顔を見てもまだ生きているようで、大往生でした。師匠とのご縁がなければ、今のあたしはいません。能登で鳴らした縁結びの鐘の音が、心の中に響いてきました。

山陽師匠は潤沢な家業の財産で講釈場に通い、お座敷に名人を呼んではその至芸を教わった「ぼっちゃん講談師」でした。六代目貞山に「赤穂義士伝」や短編ものを、二代目大島伯鶴に「青龍刀権次《せいりゅうとうごんじ》」や「笹野名槍伝《ささのめいそうでん》」を、初代山陽には「語りの歯切れよさとスピード感、呼吸を教わった」とよく話してくださいました。

そんな三名人にみっちり稽古をつけてもらった師匠の講談は、まさに千変万化で当意即妙。新しいことを必ずちりばめて、年齢を感じさせない面白さでした。

あたしが入門した頃、アメリカの人気女優にファラ・フォーセット・メジャーズという人がいまして。師匠からその名を聞かれたので伝えると、その日の高座ですかさず使っておられて驚きました。

「小野小町か照手姫、見ぬ唐の楊貴妃か、普賢菩薩の再来か、はたまたファラ・フォーセット・メジャーズか」

この時、師匠はすでに六十九歳。酒は一滴も飲まず、若い頃は女道楽もなさったという師匠です。女心は手に取るようにわかるのか、とにかく褒め上手。みっちりと稽古していただいたおかげで、あたしたち女流講談師は育ちました。

二代目神田山陽がいなければ、講談界は風前の灯火となっていたやもしれません。師匠の功績を思うとともに、あたしは心に空いた大きな穴を埋めようと、必死で講談に立ち向かっていきました。

第九章 弟子と震災

山陽師匠が亡くなって呆然としていたあたしですが、いつまでも立ち止まっているわけにはいきません。師匠が亡くなると、前座と二ツ目の弟子は誰かの一門になる決まりです。そこであたしは、弟弟子で二ツ目だった神田陽司を引き取ることになりました。二〇〇一（平成十三）年には神田紅葉が入門し、小所帯ながらも師匠として「紅一門」を率いていくことになったのでございます。パーン、パンパン。

それからは大忙しです。二〇〇二（平成十四）年には芸道二十五年を記念して、東京・国立演芸場と福岡での独演会を開催。前にも書きましたが、女芸人による「ウーマンティナー」は毎年恒例で開催しましたし、二〇〇四（平成十六）年からは「紅一門会」もスタート。二〇〇八（平成二十）年にはフランスでの独演会も成功しました。

その後は弟子も増え、なんとかやってこられたようにも思います。でも、忘れられない悲しい出来事もありました。それは陽司と紅葉という、紅一門立ち上げ当初からの弟子二人を失ったことです。

陽司は一九九〇（平成二）年、二十八歳で山陽師匠に入門しました。あたしはその瞬間に立ち会ったんです。いつものように楽屋にいる時のこと。彼は突然、師匠を訪ねてきました。差し出した名刺には情報誌の副編集長と書いてあります。

師匠は出番を終えてステテコ姿だったんですが、名刺を見て取材だと思ったようで、慌ててズボンをはいています。あたしは座布団を出しました。すると彼は、その座布団をさっと脇に外して「弟子にしてください」と深々と頭を下げるではないですか。

なんと、突撃弟子入り志願でした。まあ、あたしも人のことは言えませんけどね。

それで師匠はどうしたかというと、さすがです。「なーんだ」と言って、またズボンを脱いだんですから。そんな笑劇的？な弟子入りでした。

彼はぐんぐんと腕を上げました。二〇〇三(平成十五)年、真打に昇進。古典のほか創作「坂本龍馬シリーズ」が好評で、「ホリエモン」をテーマにしたり、アニメ「母をたずねて三千里」を講談に仕立てたりして、話題になりました。

それが真打になって十年近く過ぎた頃から、どんどん痩せていって。あたしが聞いてもなにも言わないんです。東京で入院したんですが、いよいよ体が動かなくなって、大阪の

頑張っていた弟子の神田陽司（左）、神田紅葉（右）と
（2001 年 8 月 12 日）

大きな病院に転院したので、あたしは彼のお兄さんと一緒に主治医の話を聞きました。するると、骨髄線維症という難しい病気で「あとひと月持つかどうか」だと。あたしは目の前が真っ暗になりました。だけど本人はお兄さんに「電動車椅子を買うんだ」と言います。あくまで自分は生きるつもりなのです。

しかし、その願いはかなわず、二〇一六（平成二十八）年二月十八日、旅立ちました。まだ五十三歳という若さでした。


あたしは弟子たちと一緒に、陽司のマンションを片付けに行きました。そこで驚いたのが、台本や資料、洋服や着物、パソコン類などで部屋が埋もれていたことです。体が自由にならず、片付けもままならなかったのでしょう。浴室やトイレも白いタイルが真っ黒になっていました。その汚れをきっちりと掃除してくれたのが紅葉でした。

彼女はあたしが東京で一九九九（平成十一）年から始めた講談教室「紅塾」の生徒でした。講談をやってみたいという一般の人向けですから、稽古は月に一回。だけど、いつも教室の後ろの方で、台本を見ないでそらんじているんです。前月やったことを全部覚えているんだからたいしたものです。

それで話を聞いてみると「入門して本気で講談をやりたい」と言うじゃないですか。お寺の娘さんで、警察官の妻となって三人の子を育て上げた彼女は当時、五十歳。やる気があっても相当に厳しい年齢でしたが、ちょうど前座がいなくなる時ということもあって二〇〇一（平成十三）年、あたしは無理を言って日本講談協会に入れてもらい、正式な弟子にしました。

そりゃあ、先輩たちからの風当たりは強かった。これまでさんざん書きましたけど、女流である上に年齢のハンディーもあります。それでも彼女は「無理をして入れてくださった紅師匠の顔に泥を塗るようなことはできません」と言って耐え抜きました。努力の甲斐あって、二〇〇六（平成十八）年、二ツ目に昇進。陽司が亡くなった二〇一六（平成二十八）年の秋には、真打に昇進できることになっていました。

そんな紅葉でしたが、陽司の部屋を掃除していた時です。しきりにおなかの辺りを押さえたりさすったりしていました。それで近所の病院に行かせたんです。そしたら「便秘」だと言われて帰ってきました。

ところが三カ月後、五月の連休前に「おなかの中にゴロゴロしたものがある」と言うじゃないですか。もう便秘のはずがないですよね。それで連休明けに大きな病院に行かせたら「胆のうがんのステージ4でした。即入院です」と電話がかかってきて。あたしは膝が震えて立ちすくみました。

でもね、彼女は抗がん剤治療をしないって言うんです。「好きな講談界に入れていただいたし、思い残すことはない」と。肝が据わっている。まるでサムライだと思いました。だけど、秋には真打昇進が待っている。あたしが「せめて真打披露をやりましょう」と励ますと、彼女はこう答えました。

「やっていいんでしょうか、こんな体で」

それから抗がん剤治療に取り組んだ彼女は、その年の九月、上野広小路亭で真打昇進の披露興行を見事にやり遂げました。戦後では史上最年長、六十五歳での真打昇進でした。

紅葉の妹弟子、神田蘭がその日のことをブログに書いています。

「大好きな大好きなお姉さんの披露興行！　私は本当に嬉しかったです。お姉さんはその運命を受け入れ取り乱すことなく、静かに、強く生きておられます。本当に尊敬いたします。私はお姉さんがいなかったら……講談師やめていたと思う。お姉さんの母性にどれだけ救われたか。思い出すと涙が出てきます。本当に晴れの日を迎えられて良かった！」

紅葉は披露興行後も、体調を整えながら高座に上がりました。二〇一七（平成二十九）年五月、東京・杉並公会堂小ホールで行われた「第十四回荻窪講談」の様子がユーチューブでご覧いただけます。演目は「耳なし芳一」。鬼気迫る中にあっても、彼女らしい包容力のある語りに引き込まれます。

最後の高座は七月四日、あたしと一緒に出演した埼玉県所沢市での「所沢講談会」。彼女は初高座の時と同じ「鉢の木」を語りました。山陽一門では入門する時に必ず教わる、あの演目です。きっと最期を悟っていたのだと思います。

その三週間後の七月二十五日、力の限り生きた紅葉は六十六歳で旅立ちました。パーン、パンパン。どうぞ天国の舞台で語っている彼女に拍手を送ってあげてくださいませ。


あたしたち夫婦に子どもはいません。不妊治療もやりましたし、体外受精にも挑みました。それは本当につらい経験でしたが、やれることはやったので気持ちを切り替え、弟子や講談教室の生徒さんたちを子どもだと思って育てる決心をしていました。

それだけに、弟子に先立たれた悲しさは言葉では言い表せません。ですが、あたしよりもっとつらい経験をした方が世の中には大勢いらっしゃいます。それを実感したのが、あの東日本大震災でした。

二〇一一（平成二十三）年三月十一日。震災の当日、あたしは新宿永谷ホール

第十四回荻窪講談で
「耳なし芳一」を語る神田紅葉

で高座を務めていました。演目は「髪結新三」という人情噺《ばなし》です。講談も落語と同じように、本題に入る前にちょっとした話をします。これを「枕」と言います。

あたしはその時、なにを思ったか、枕でこんなことを話しました。

「このあともし地震が来たら、非常口はあちらですから。押し合わないで出てくださいね」

「髪結新三」に地震は関係ありません。記憶をたどると、その一カ月前の二月二十二日にニュージーランドで大地震が起きていました。そのニュースがなぜか頭の中に残っていたんでしょうね。

一階ホールで高座を終えて、寄席が休憩に入った時でした。グラグラッときました。午後二時四十六分、東日本大震災の発生です。あたしは二階の楽屋から下に降りて外に出ました。そしたらお客さんたちは「紅さんがあんなことを言うからだ」なんて言いながら笑っていたんです。まだ誰もあんなにひどいことになるなんて、実感できていなかったんですよ。

あたしは新宿駅に向かいましたが、電車に乗れない人たちであふれかえっていて、とてもじゃありません。押し合いへし合いして潰されそうです。それで、当時の事務所があった赤坂まで歩きました。事務所はビルの七階。エレベーターは止まっています。

それで事務所に連絡してみると「上がってこないほうがいい」と言われて。水道管が破損して、事務所が水浸しだったんです。仕方なく一階のトルコ料理店に入って待機していると、テレビのニュースで地下鉄が動き始めたことがわかりました。

それで、溜池山王から地下鉄銀座線に乗り、日本橋へ向かいました。日本橋で都営浅草線に乗り換えれば、あたしの自宅の最寄り駅、押上まで行けそうです。だけどホームは人が落ちそうなぐらい密集していたし、乗ったら身動きもできません。

日本橋に着くと、群衆に潰されそうになりながら改札を出ました。すると、見覚えのある人が向こうから改札に入ろうとしています。落語家の三遊亭笑遊師匠でした。「おう紅、大丈夫か」と声をかけてくださり、本当にほっとしたのを覚えています。

日本橋から押上までも、すし詰めで息が詰まりそうになるのをなんとか耐えて、地下鉄を降りました。もう午後十一時を回っています。駅の構内では至る所に人が無言で座り込んでいて、虚脱状態。あのまま朝まで過ごした人も大勢いたことでしょう。あたしは、マンション十階の自宅まで階段を上りましたが、家の中は本棚も倒れていて、ぐちゃぐちゃでした。それでも戻れただけ運が良かったんだと思います。

翌日は寄席がありまして、なんとかタクシーを捕まえて上野広小路亭に向かいました。だけど、芸人で開演に間に合ったのはあたしだけで、少し遅れて三人がやってきました。お客さんは五人。それで「すみません、こんな時ですから今日はやめましょう。一緒にご飯でもいかがでしょうか」と誘って、営業していた近くのホテルで食事しました。

ニュースで被災地の状況が徐々にわかってきて、あたしは行ける状況になったら慰問に行きたいと思っていました。最初はその年の十二月、宮城県多賀城市に伺って、仮設住宅で講談を語らせていただきました。消防団員の方が撮影されたという津波の映像を見せていただいたんですが、本当に心が痛みました。その後、あたしの後援会長の出身地、福島県矢吹町にも伺わせていただきました。

忘れられないのは二〇一七（平成二十九）年四月、宮城県気仙沼市でのことです。あたしはこの大災害の教訓を忘れないためにも、講談で語り継がなくてはならないのではないかと考えていました。それで、ある女性にお願いして体験談をお聞きしました。

津波に流され、真っ暗闇の中を漂っていた彼女は、気づいたら知らない家の二階にいたそうです。水と一緒に流れ込んだのです。彼女はその辺りを漂っている人たちを次々につかんで、八人を家の中に入れました。

でも、首元まである水に浸かりながら夜を過ごすうちに、残念ながら一人は沈んでしまいました。彼女はその人を自分の後ろに隠して、みんなを「寝ちゃだめ」と励まし続けたそうです。明け方になって水が引き、窓の外を見ていると、彼女の体に異変が起きました。

「紅さん、真っ黒い泥水が延々と口から出てきたんです。何日も何日も」

その話を聞いて、あたしは考え込みました。これを講談にできるのか、講談にしていいのだろうか、と。聞いていても涙が出るし、話していても涙が出ると思います。人が死んでいくありさまが、あまりに生々しくて。自分の体験だったら語れるかもしれませんが……。

人の生き死にに関することで言うと、あたしには苦い経験がありました。世田谷一家殺害事件を覚えていらっしゃいますか？　二〇〇〇年（平成十二年）十二月三十日深夜に、東京・世田谷で一家四人が殺された事件です。自宅で両親と子ども二人が無残に殺されましたが、犯人は逮捕されないままです。

事件当時、特別捜査本部が設置された警視庁成城警察署の署長だった方が、よく寄席に来ていただいていて。殺人事件被害者遺族の会「宙《そら》の会」で活動されています。ある時、その方からこう言われたんです。

「未解決事件を講談にして語るのも、あなたの使命ではないですか」

あたしはその通りだと思いました。江戸時代から講談は庶民の味方で、こんな悪い殿様とか代官がいたという勧善懲悪話を語ってきたわけですから。それで、事件について書かれた本を読み漁って、その方からも取材して講談を作ったんです。

ところが、寄席でやってみるとお客さんからの反応がない。そればかりかシーンと静まり返って、うんともすんともないんです。講談にはリアリティーが必要ですから「逃げようとする背中に包丁を何回も刺して」というように、親子が殺される場面も再現しました。でも、それがあまりに生々しいわけです。

あたしとしては、実際に起きた事件ですから脚色はできません。そんなことをしたら、被害者に申し訳ありませんから。だけど、それを見る側のお客さんは娯楽を求めて寄席に来られているわけですから、無理もないなあと思いました。事件を忘れず、なんとかして解決につながるお手伝いができたらと思って講談にしたんですが、難しさを痛感しました。

そんなことがあったので、東日本大震災で被災した女性の体験談を講談にするのもためらいました。だけど、なんとか講談として成立させられないかと考えていた時に、気仙沼の人たちがある場所に連れて行ってくれました。

気仙沼湾の岬、岩井崎です。そこには、地元出身の「秀ノ山雷五郎」という江戸時代の横綱の銅像が建っていました。岬の突端に建つ銅像は、右手を上げて江戸の方角を指し、どっしりとした威厳をたたえています。

その銅像があの大津波でも流されなかったと聞いて、あたしは「これだ」と思いました。

台座の一部がえぐられながらも残った雷五郎像。その生命力、希望、不撓《ふとう》不屈の精神を伝えたいと思ったのです。

あたしはさっそく地元の研究者から資料をいただき、苦手な角界用語に方言を盛り込みながら、約三カ月かけて台本を練り上げました。そして気仙沼を訪ねてから一年後の二〇一八（平成三十）年四月、あたしは国際ソロプチミスト気仙沼のお招きで再訪し、創作講談「秀ノ山雷五郎」を披露しました。

十代半ばで力士を志した雷五郎は、身長一六四センチの小兵です。入門したあとも負け越しが続いて苦労しますが、初土俵から九年かけて幕内になり、数年かけて当時の最高位だった大関に昇進します。いったん関脇に転落しましたが、努力を重ねて大関に復帰。三十八歳で名誉の横綱免許を手にして、第九代横綱となります。

失意のどん底にあっても決して諦めず、ひたすら前を向いて進み続けた雷五郎。気仙沼が生んだ偉大な横綱は、大津波にも負けずに今も岬で故郷を見守っています。

「ノコッタ、ノコッタ」パーン、パンパン。

あたしに悲しい体験談を語ってくれた、あの女性は「紅さんにいい話をしていただいて、どれだけみんな喜んだか。また来てくださいね」と言ってくださいました。講談師として、どこまでやれるか悩み抜いたあたしでしたが、その言葉に救われました。

今後も世田谷一家殺害事件や東日本大震災など、リアルな惨事を語り継ぐ方法を探していこうと思います。

最終章 伊藤野枝との縁

さあ、長々と語ってきたあたしの話も、あと少しです。ついて来られていますか。ラストスパートですよ。気合を入れて参りましょう。パーン、パンパン。

これまであたしは毎年のように創作講談を独演会で上演してきました。大正から昭和にかけての歌人柳原白蓮、アフガニスタンで人道支援を続け、銃撃されて亡くなった医師中村哲さん、日本を代表する女優杉村春子さん……その数は七十を超えております。

そして二〇二三（令和五）年、あたしは新たな創作講談に挑みました。主人公は女性解放運動家で作家の伊藤野枝です。この年は一九二三（大正十二）年九月一日に発生した関東大震災からちょうど百年という節目の年。そして、関東大震災から半月後の九月十六日、憲兵隊に虐殺された野枝の没後百年でもありました。

それを機に、その生涯に改めて注目しようと九月、彼女の出身地に近い福岡市西区西都で開かれた「伊藤野枝100年フェスティバル」。あたしはそこで、野枝を語りました。台本を巻末に載せておりますので、読んでいただければと思います。

実は、あたしと野枝には不思議な縁があります。その話はおいおい語るとして、まずは彼女についてご説明しておきましょう。

野枝は一八九五（明治二十八）年、福岡県今宿村の貧しい家に生まれました。七人きょうだいの三番目で、長女です。今宿村は、今の福岡市西区今宿。博多湾に面し、山に囲まれた平野で、江戸時代には福岡城下から肥前国唐津に通じる「唐津街道」の宿場町として栄えました。

野枝の一生は波瀾万丈でした。幼い頃は口減らしのために二度も里子に出され、高等小学校を出ると郵便局に勤めて家計を助けます。その後、東京の叔父に懇願して上京し、上野高等女学校に入学。卒業すると親が決めた相手としぶしぶ結婚しますが、九日目に出奔して再び上京します。この時、十七歳。

そして周囲の非難を浴びながらも、女学校で英語教師をしていた辻潤と結婚。辻から薦められて読んだ雑誌「青鞜《せいとう》」に感銘を受けます。平塚らいてうが書いた創刊の辞には「元始、女性は実に太陽であった」とあり、それは女性の権利獲得運動を象徴する言葉となっていきます。

平塚が立ち上げた女性文学集団「青鞜社」に入った野枝は、女性解放運動に傾倒していきます。女性アナキスト（無政府主義者）「エマ・ゴールドマン」の文章を翻訳して、青鞜に「婦人解放の悲劇」を発表。辻の協力で出版にもこぎつけます。

それを読んで感激したアナキストの大杉栄が、野枝の前に現れます。野枝は大杉と行動を共にするようになり、辻と離別。「自由恋愛主義」を標榜する大杉には内妻と愛人がいて、大杉が愛人から刺される事件もありましたが、野枝は大杉と同棲を始めます。

青鞜の二代目編集長となった野枝は「貞操論争」「堕胎論争」「廃娼論争」という三つの論争を掲載。こう書いて、男女の不平等に切り込んでいきます。

「ああ、習俗打破！　習俗打破！　それより他には私達のすくわれる途《みち》はない」

あたしが驚いたのは、彼女の想像を絶するバイタリティーでした。野枝は辻との間に二児をもうけ、大杉の子も五人産んでいます。それもわずか十年の間にです！　原稿執筆、編集、そして広告集めをしながら子どもたちを食べさせ、世話もする。いったいどこにそんな時間と体力があったんでしょうか。

野枝は「新らしき女の道」と題して、こう書いています。

「新らしい女は今迄の女の歩み古した足跡を何時までもさがして歩いては行かない。新らしい女には新らしい女の道がある。新らしい女は多くの人々の行止まつた処より更に進んで新らしい道を先導者として行く」

女性の道を切り開く先導者としての覚悟と希望が読み取れます。

しかし、運命は暗転します。社会主義運動に対する政府の弾圧が強まる中、関東大震災が発生。その混乱に乗じて、東京憲兵隊大尉の甘粕正彦らが大杉と野枝、そして一緒にいた大杉の甥で六歳だった橘宗一の三人を東京の憲兵司令部に連行します。

甘粕らは三人に暴行を加えて絞め殺し、むしろに包んで古井戸に投げ捨てました。この時、大杉は三十八歳、野枝は二十八歳。野枝は生前、色紙にこんな言葉を遺していました。

「吹けよ　あれよ　風よ　あらしよ」

その言葉通りの人生を送った野枝の墓石は、故郷今宿の山中にあります。

あたしが野枝という人物をよく知るきっかけとなったのは、一九八三（昭和五十八）年のことでした。山陽師匠に入門し、泉鏡花の芝居講談を手がけ始めた前座時代です。福岡市のテレビ局、ＲＫＢ毎日放送が制作するドキュメンタリー番組「ルイズ・その絆は」のリポーターとして出演を依頼されたのでした。

ルイズは野枝の四女です。大杉と野枝の死後、野枝の実家で祖父母に育てられ、博多人形の彩色職人になられました。ルイズという名は大杉がフランスのアナキストにちなんで付けたものですが、祖父が留意子と変え、終戦後はルイと名乗るようになりました。ですから、ここではルイさんと呼びます。

番組は、両親の虐殺という逆境を背負いながら生きてきたルイさんの姿を追うものでした。社会主義思想の持ち主として当局から危険視され、監視対象だった野枝。結婚や恋愛をめぐる当時の価値観を否定し、堂々と大杉との「自由恋愛」に走った野枝に対して、地元では反感も根強かったそうです。

ルイさんは一九二二（大正十一）年生まれ。当時は六十歳で、反戦を訴える市民運動をされていました。あたしの役割は、取材に同行して両親や社会に対するルイさんの思いを引き出すことでした。

最初にお会いしたのは、テレビ局が用意したロケバスの中でした。あたしは隣に座りましたが、彼女はずっと黙ったまま。とっつきにくい印象でした。カメラが回って、あたしがプロデューサーの用意した質問をしても「そうねえ」ぐらいしか答えてくれません。でも、プロデューサーは質問を紙に書いて、次々に指示を出します。それでも彼女は口を開こうとしません。それもそうです。きっとひどい経験をしてきたに違いありませんが、簡単に話せることではありませんよね。それに、ドキュメンタリー番組への出演は初めてでしたから、警戒心もあったと思います。だから、あたしは彼女が心を開いてくれるのを待っていました。

だけど、プロデューサーは怒り心頭です。あたしを呼び出して「なんでもっと突っ込んで聞かないんだ」と責めるんです。「だって、言いたくなさそうですから。その顔を撮るわけにはいかないんですか」と反論すると言い争いになって。とうとうあたしは「ある程度任せてもらえないなら、降ろしてください」と啖呵を切りました。パーン、パンパン。


すると、その騒動を聞きつけたルイさんが「紅さん、なにを叱られたの?」と心配してくれました。あたしが経緯を説明すると「そうだったの。次からはなにを話せばいいか教えてね」とおっしゃる。きっと弱い立場のあたしが困っているのを見て、考えてくれたのだと思います。本当にやさしくて凛としていて、心の気高い方でした。

それから撮影はうまく進み始めました。野枝が通ったとされる小学校を訪れた時のこと。学籍名簿に野枝の名前は載っていません。校長先生は「当時の国が抹殺するように指示したのかどうか……。わかりませんが」と話されました。

あたしはルイさんに、虐げられた幼い頃の記憶や暮らしぶりについて語ってほしいと伝えていました。ルイさんが通ったのも同じ小学校ですから、記憶が鮮明に蘇ったようです。

カメラが回ると、それまでとは違って自ら語り始めました。

「お前のお母さんは天皇に弓を引いて殺されたんだろう、と幼心にもズキンとすることを同級生から言われました」

「私の家にロシアからお金が送られてきているという噂もあったようです。父がアナキストだったからでしょう。そんなことあり得ないんですけど」

実際には大杉の同志だった近藤憲二が、大杉の著作をまとめて出版するなどして資金を集め、ルイさんたちを支援していたのです。


最初に、野枝とは不思議な縁があると書きましたが、それはルイさんのことです。ロケバスで福岡県小郡市を訪れた時のことでした。古くは井上村と呼ばれていたところで、そこには江戸時代、久留米藩（有馬家）の苛烈な取り立てに抗議して一揆を起こし、打ち首になった高松八郎兵衛という庄屋一族の墓があります。

その墓石は藩によってすべてなぎ倒されていました。ルイさんは、その墓石を修復する市民運動に携わっていたのです。圧政に抗議して死を遂げた名もなき人々の末路は、虐殺された両親の姿と重なったのかもしれません。

ところが、その場所を訪ねる時、あたしには妙な既視感がありました。実は、あたしの父方一族の墓所とは目と鼻の先なのです。調べてみると、父方の樋口家は一揆を起こして死罪になった庄屋の後任だったということがわかりました。

少しご先祖についてお話しします。地元の郷土史家が書かれた本によると、樋口家は平安時代、菅原道真公に従って京都から筑前に下ってきた一族です。井上村の庄屋になった樋口与市という人物は、荒れた村の増産に尽くし「三徳与市」（仁、智、義の三徳）と称えられたそうです。

二代目の甚蔵は京都に遊学。「国の運命は学問にあり」との信念があり、焼失した久留米藩の藩校を再建するために「銀十八貫」（金貨で三百両）を寄付しました。それが藩校「明善堂」となり、のちの福岡県立明善高校につながっていきます。

幕末になると勤王の志士として活躍する人物が出てきます。樋口謙太という人物は久留米藩の尊王攘夷派、真木和泉守《まきいずみのかみ》から依頼され、福岡藩の勤王の志士、平野国臣《ひらのくにおみ》をかくまっています。樋口胖四郎《はんしろう》、良臣《よしおみ》兄弟は真木の門下生で、倒幕のために農民や商人を集めた「応変隊」を組織し、戊辰戦争で戦功をあげました。

あたしが高杉晋作や平野国臣など勤王の志士をかくまった幕末の歌人、野村望東尼《のむらぼうとうに》や、政治結社「玄洋社」の頭山満《とうやまみつる》らを育てた女傑、高場乱《たかばおさむ》の人生を語る講談を作ったのも、自分のご先祖に興味を持ったからかもしれません。それも、ルイさんとの出会いがきっかけです。

番組「ルイズ・その絆は」の最後に、戦時中に福岡大空襲があった六月十九日に合わせ、ルイさんが福岡市内でビラ配りをしている姿が映ります。ビラにはこう書かれていました。「日本国民はみな遺族です。肉親や愛する人をみな戦争で失っています。戦争への道を許さない者たち、われわれ」

取材中、ルイさんがペンダントをされていたので「素敵ですね」と言うと「姉が作ったのよ」とほほ笑んで、三つあったものの一つをあたしにくださいました。最後に「生まれ変わるとしたら、もう一度、伊藤ルイになりたい」とおっしゃったのが忘れられません。一九九六（平成八）年、七十四歳で亡くなられました。


ルイさんにお会いして以来、いつか野枝を講談にしたいと思い続け、四十年越しでようやく実現しました。自分のやりたいことに向かっていく野枝のエネルギー、貪欲さはけた違いです。今もし生きていたら、きっとすごいことをやり遂げたでしょう。

実はあたしも七十歳を過ぎて、新しい作品をつくる意欲がなくなりかけていたんです。でも、野枝の講談を作っているうちに、彼女の負けじ魂が乗り移ったようで。もうひと踏ん張り、ふた踏ん張りしなきゃと思うようになりました。

あたしには蘭、三代目松林伯知《しょうりんはくち》、紅佳《べにか》、紅純《こうじゅん》、紅希《こうき》という五人の弟子がおります。彼女たちが一歩一歩育っていくのを見るのが、楽しみでなりません。

さらに東京、大阪で頑張る女講談師全員にエールを送りたいと思います。講談界では、女流に注がれる視線はまだまだ厳しいけど、へこたれないで自分の運命を切り拓いてほしい。

うまくいかなくても落ち込むことはありません。あたしだって、いまだに下手だなあと思いますよ。だけど、講談というのは一度覚えれば、何度でも語れます。間や調子を変えてリメイクすることで、同じ作品でも数年後にお客さんが喜んでくれることだってあります。とにかく工夫することを諦めないことです。

講談の裾野を広げたいと思って始めた講談教室「紅塾」の生徒さんも東京、福岡合わせると約百人。それぞれに特徴があって、稽古がとても楽しみです。あたしは山陽師匠がそうだったように個性を優先したいと思っているので、自分のやり方を見つけてやり通せば、それでもいいんです。ダメだったら基本に戻ればいいだけですから。若い生徒さんの中から、講談師になりたいという人が出てくるのを待っています。

二十一、二歳の頃通った文学座の杉村春子さんは、八十歳の時に自伝「振りかえるのはまだ早い」を出版されました。それからすると、あたしが振り返るのはまだまだ早いんですが、実際に振り返ってみると自分を客観視できましたし、一から生まれ直すことができたような気がしています。

ですから、みなさんこれからも客席で聴いてくれない？　見てくれない？　新しい「紅流」をお楽しみに。

長いことお付き合いいただき、ありがとうございました。神田紅「紅流　女講談師として生きる」の一席は、これを以《も》って読み終わりといたします。パーン、パンパン。

東京紅塾の生徒たちと（2024 年 2 月）

福岡紅塾の発表会で生徒たちと（2019 年 7 月）

伊藤野枝の墓石は福岡市西区の山中にひっそりと置かれている

講談とは何ぞや？

講談の発祥ははっきりしていません。話芸としてなら古事記の編纂者の一人、稗田阿礼《ひえだのあれ》にまで遡ると言われています。中世の琵琶法師、戦国時代の御伽衆《おとぎしゅう》を経て、江戸時代に「講釈」と呼ばれ、「落語」と相対する芸能になっていきました。

記録として最古のものは、慶長年間（一五九六～一六一五）に徳川家康の前で「太平記」「源平盛衰記」を赤松法印《あかまつほういん》が語っています。江戸時代が始まる頃にはすでに講釈師がいたことは間違いないようです。

東京・東日本橋の薬研堀不動院の脇には「講談発祥記念之碑」があります。そこに「元禄の昔、赤松清左衛門は浅草見付辺りの町辻で太平記を講じ、江戸講釈の発祥となった」とあります。元禄年間（一六八八～一七〇四）には庶民に知られる存在になったのでしょう。

天明年間（一七八一～一七八九）には「赤穂義士伝」などの仇討ち物を始めとして、侠客物、心中物、お家騒動物、泥棒物などが流行。全盛期の文化・文政・天保年間（一八〇四～一八四四年）には、講釈師は八百人を超えたとされ、女流講釈師として初めて円山尼《えんざんに》という名前が登場します。

幕末になると、宝井派、貞山派、神田派、松林派、伊東派、桃川派、田辺派など今に続く流派が出そろいます。わが神田派の祖は神田伯龍《はくりゅう》。その門下には二代目伯龍、伯圓《はくえん》、初代伯山《はくざん》の三名人がいました。

明治の初めの二十年ほどは近代講談の黄金期で、講釈場は五、六十軒あって娯楽の代表格でした。しかし明治末から大正にかけ、映画や浪花節の流行によって講談は廃れます。第二次大戦後に唯一残っていた講釈場「本牧亭」も二〇一一（平成二十三）年に閉場しました。

しかしその後、二代目神田山陽師匠の努力もあって女流講談師は着実に増えました。二〇二四（令和六）年二月の時点で、東京の講談師は七十九人。このうち女性が四十三人、男性は三十六人です。六代目神田伯山の人気もあり、講談を知る人も増えています。とは言え、往時の活気を取り戻すには、みなさんのお力が必要です。どうぞ講談を聴きにお越しください。

講談の基本

修羅場（メリ・ハリ・ツッコミ・謡《うた》い調子《ぢょうし》）

「鉢の木」より〃いざ鎌倉〃

さても源左エ門《げんざえもん》その日のいでたち如何《いか》にと見《み》てあれば―

金小実緋縅《きんこざねひおど》しの伊達鎧《だてよろい》に同毛糸《おんなじけいと》五枚錣《まいしころ》の兜《かぶと》は＝

これぞ俵藤太秀郷《たわらとうだひでさと》が瀬田《せた》の唐橋《からはし》にて―

竜神《りゅうじん》より申《もお》し受《う》けしと謂《いわ》れある―

先祖伝来《せんぞでんらい》の名兜《めいかぶと》なり＝

語り方

講談には四つの基本調子があります。

【メリ】
マイナー・暗い調子

【ハリ】
メジャー・明るい調子

【ツッコミ】
アクセント・そこだけ強く

【謡い調子】
レガート・音をつないで

●（黒丸）は、ハリとツッコミが同時。音を上げて強く言います。無印は、メリ。ドレミの低いミをイメージして下さい。赤線は音の高低を表しています。

「さても源左ェ門その日のいでたち如何にと見てあれば」は、「ミラミミミミミミミミミララミミミミミミミミミミミミミミラ」の高さで。

「ラ」のところは、ツッコミも入るので特に強く言います。その調子で「先祖」まで語りましょう。

最後の「伝来の名兜なり」は、謡い調子。「でんらい」の「で」が、この一節の中で一番低い音。次の「ん」が一番高い音。

「らいのめいかぶとなり」は、「ん」からお腹に力を入れたまま音をつなぐようにして、高いところから段々に下りて参ります。一辺に下りないように。「先祖伝来の名兜なり」の行が一番大きな声で。

「一」「二」は、張り扇の数。「三」は、トーントントンのリズムで。

解説

「講談」は「太平記読み」と言われました。謡曲で有名な「鉢の木」は太平記の第三十五巻にあり、その原話は「増鏡」という歴史物語に紹介されています。「最明寺時頼《さいみょうじときより》が禅僧に姿を変えて六十余州を修行した」物語ですが、太平記では摂津国（現在の大阪府）が舞台で、これを上野国《こうづけのくに》（現在の群馬県）佐野に置き換えたのが謡曲「鉢の木」。

講談は、これをもとに舞台は下野国《しもつけのくに》（現在の栃木県）佐野に置き、主人公も時頼から佐野源左衛門常《さのげんざえもんつね》世《よ》に移しています。

内容的にはいわゆる漫遊記で、「水戸黄門漫遊記」や「一休諸国ばなし」なども、この「鉢の木」をヒントに創作された漫遊物と言われております。

神田紅創作講談「伊藤野枝」台本

●初演は二〇二三年九月十六日、福岡市西区西都「さいとぴあ」での「伊藤野枝１００年フェスティバル」

明治時代の終わりごろと言えば、まだまだ女性の地位は低く、女は結婚して夫に仕え子供を産み育てるのが仕事と言われていた時代でございます。

そんな中、平塚らいてうが明治四十四年（西暦一九一一年）九月「原始女性は実に太陽であった」の書き出しで、女性解放を訴え、女性のための女性による文芸誌「青鞜」を創刊いたしました。

青鞜とは、青い靴下のことで、十八世紀半ばロンドンのサロンに集まった知的な女性たちが、青いストッキングをはいていたことから、ブルーストッキングの女たちと呼ばれ、「新しい女」の代名詞となっておりました。

さて「青鞜」創刊から一年ほどがたったある日のこと、切手を三枚も貼った分厚い手紙が届きます。それは、九州は福岡の伊藤野枝十七歳からのもので、親の決めた結婚が嫌で悩んでいるどうしたらよいかとつづられておりました。

らいてうは心打たれ「とにかく一度遊びに来るように」と返事を出しますと、数日後、

野「らいてう先生、伊藤野枝です、遊びにきたとです。うち、押し付けられた結婚がもう嫌で嫌で、福岡ば飛び出して、今は女学校時代の英語の先生の家におるとです」

と黒い瞳をくるくる回しながら、一気にまくしたてます。

らいてうは、この野生の少女野枝を、何としても助けねばという気持ちになり、離婚の手続きのために福岡に帰った野枝に、旅費まで出してやって、「青鞜」で働かないかと声をかけたのでございます。

伊藤野枝、明治二十八年（一八九五年）一月二十一日福岡県糸島郡今宿村（現在の福岡市西区今宿）に、（父亀吉、母ムメの子）七人兄弟の三番目、長女として生まれました。

家は元々「萬屋」と呼ばれた、海産物等を商う旧家でございましたが、父親の代で没落し、瓦職人をしていた父は、気が向いた時にしか働かず、三味線を弾いて遊び暮らしている。母が日雇いの仕事をして子供たちを何とか育てておりました。

野枝は幼いころから好奇心旺盛な女の子で、知りたい、勉強したい、本が読みたい、でも家には本はないので、押し入れに貼ってある古新聞を読みふけっていたと申します。

また、今宿の家からは、すぐ目の前に海が広がっていて、向こう岸に能古島が見えます。

その能古島まで約四キロの海を、十二歳の時には泳いで往復したというのですから、怖い者知らずのカッパ少女。

　こんな出来事もありました。

　ある時、妹（のツタ）と留守番をしていたのですが、お腹がすいた野枝は、冷や飯をみつけて一緒に食べようと言い出します。妹が「お母さんが帰ってくるまで、待っとこうよ」と言うと、「じゃああんたはいらんとやね」と一人で全部平らげてしまいます。

　そんな自我が強い一面もございましたが、お兄ちゃんがいじめられていたら、相手のガキ大将に女ながらも立ち向かって行く正義感の持ち主でもございました。

　里子に二度預けられていますが、二度目の親戚は大金持ち。長崎で造船所と取引をする義理の叔父さんの代準介の所には、一つ年上の娘千代子がいて、彼女に強いライバル心を燃やします。

　千代子に勝つには、勉強しかない、と必死で勉強して成績優秀。叔父さんも目を細めてほめてくれました。

　叔父さんの家には、当時の文化人や実業家、軍人さんたちが訪れて世界情勢を語るなど、今宿の家では見ることのできない世界を、野枝は垣間見てしまいます。

　しかし夢のような暮らしはわずか八カ月で終わりを告げ、叔父さん一家は東京に行くことになり、野枝は又、今宿の家に戻されてしまいました。

明治四十二年三月、(周船寺)高等小学校を卒業するや、地元の(今宿谷)郵便局に就職。

その年の夏、東京の叔父さん一家が今宿に遊びにやって参ります。従姉の千代子は、東京の女学校に通っていて、いわゆるハイカラさんになっておりました。

千「野枝ちゃん、東京では今『魔風恋風』という小説が流行っているのよ。自転車で颯爽と通学する女学生と東大生の恋物語、憧れちゃう」

野「ふーん、うち知らんもん!」

とふてくされる野枝。千代子の女学校での話は、野枝に大きな刺激を与え、すぐに叔父さんに手紙を書きました。

野「私はもっと自分を試してみたいのです。もっともっと勉強がしたい。できれば学問で身を立てたいとも思っています……」

東京の根岸に住んでいた代準介は、隣に住む大衆作家の村上浪六に相談致します。

代「この姪っ子はなかなかやる気のある子でねぇ。家には書生は何人か置いているんだが、皆男の子だから、女の子はどうしたものかなぁ……」

浪六は、野枝の手紙を見て、その迫力ある文章に感心して、
浪「おい、こりゃとても、十三、四の娘の書いたものとは思えん。この子は呼んでやるべ

き子だよ」

かくして野枝は、（明治四十二年の暮れ）郵便局をやめて上京し、猛勉強の末に、千代子と同じ女学校の四年生に編入してしまいます。こうと決めたらやりとげる意地の強さは天下一品！「負けるもんか」が口癖。

十五歳の野枝は、鶯谷の叔父の家から意気揚々と上野高等女学校へと通いました。

世の中では、この年に社会主義者の幸徳秋水や管野須賀子らが捕まって、翌年処刑される、いわゆる大逆事件が起き、野枝は、社会主義や政治にもこの頃から目を向けるようになって行きます。

文才は先生も認めるところで、学園新聞の編集なども任されます。

この学園新聞の担当教員が、赴任してきたばかりの英語の先生、辻潤。野枝より十一歳年上の二十七歳。風采はイマイチで「西洋乞食」とあだ名されておりましたが、流ちょうな英語をしゃべり、知識は博覧強記、ピアノを弾き、尺八もプロ級にこなし、女学生に人気の先生でございました。

野枝は辻潤に憧れ、辻潤も野枝の文章力と野性的な美しさにひかれます。

さあそれからの野枝は、砂漠に水が浸み渡るように、辻潤から文学的知識をドンドン吸収し、英語もしっかりと身につけていきました。

ところが、女学校五年生の夏休み、縁談話が出て、あれよあれよというちに、今宿にて仮祝言。

それを聞いた辻が、

辻「野枝さん、この本、九月に出たばかりの本なんだけど、読んでごらん」と勧めたのが、「原始女性は実に太陽であった」の「青鞜」でございました。読み終わった野枝は、

野「私にも自由はある。行動を起こさねば」

と思いましたが……。

卒業式の翌日、上野の美術館で絵を見た帰り、辻は野枝をぎゅっと抱きしめただけで、それ以上何も言ってはくれません。

しかたなく、一旦は嫁に入りましたが、九日目の朝逃げ出して、辻に手紙を送ります。

辻の返事は、

辻「俺は少なくとも男だ。汝一人位をどうにもすることが出来ない様な意気地なしではないと思っている……」

読み終わって野枝は心を決めた！　その頃染井、今の巣鴨に住んでいた辻潤のふところに飛び込んで行ったのでございます。

と、ここまではよくある女学生と先生の恋物語ですが、今も昔も世間はそう簡単に許してはくれません。辻は学校をやめさせられ、職はなくなり、働こうともしない。当然生活苦がやってくる。

野「ねえ先生、お母さまや妹さんたちのためにも、何かお仕事を探してくれまっせんか」

辻「いや、何もしない。これから僕はダダイストとして生きていくんだ」

野「ダダイスト？」

辻「虚無主義だよ。社会の秩序や常識を否定して、気の向くままに生きて行くんだ。それが社会に対する僕の恨み節だぁ」

野「え？　それじゃダダイストじゃなくダダッコじゃない！」とは言わなかったでしょうが……。

かくして野枝は平塚らいてうに手紙を書き、「青鞜」に行き社員となって、毎月十円の給料をもらうこととなります。

毎月十円は今の五万円くらいです。

これじゃあ、やはり食べては行けませんが、「青鞜」十二月号には、野枝のはじめての詩「東の渚」が掲載されました。

東の磯の離れ岩、

その褐色の岩の背に、
今日もとまったケエツブロウよ、
何故にお前はそのようにかなしい声してお泣きやる……
（中略）
お前が死ねば私も死ぬよ
どうせ死ぬならケエツブロウよ
かなしお前とあの渦巻へ――

ケエツブロウとは、海鳥のこと。今宿でがんじがらめになっていた自分を海鳥にたとえ、どうせ死ぬならあの渦巻のなかへ、ということで「青鞜」の渦巻へこれから野枝は飛び込んで行くことになります。

野枝の精神を決定づけたのは、「エマ・ゴールドマン」という女性アナキストの存在でした。リトアニア出身の女性アナキストで、権力に立ち向かう彼女の体当たりの生き方に衝撃を受け、

野「何というすばらしい、生きがいのある人生なんだろう！ 私もエマのように生きたい」

と、翌大正二年「青鞜」九月号にエマの「婦人解放の悲劇」を掲載し、九月二十日辻潤の長男一を産み落とします。

野枝にとって初めての赤ん坊は、そりゃ可愛かった。ところが辻は、赤ん坊の面倒はいっさい見てくれませんので、「青鞜」に連れて行くほかはありません。

皆が赤ん坊をあやしてくれる、その間に、野枝はせっせと原稿を書きました。

女「野枝さん、赤ちゃんウンチしたみたいよ」

野「あら、そう……」

平然と野枝はおむつを取って、ウンチを「青鞜」社の庭にばらまく……少々無神経な野枝ではありましたが、赤ん坊をおんぶしながら書評などを手際よくまとめ、「青鞜」に対する攻撃には、「私がやっつけてやる」と、すぐに抗議文を書いてもくれるのですから、編集長の平塚らいてうは野枝を頼りにして、赤ん坊のことは大目に見ておりました。

さあ、いよいよ大杉栄との出会いでございます。大正三年三月、エマの「婦人解放の悲劇」を辻の協力で翻訳出版したのですが、この本を読んで感激したのが、アナキスト大杉栄でございました。

大杉栄は野枝の十歳年上。軍人の子として（香川県丸亀で）産まれましたが、（名古屋の）陸軍幼年学校を中退し、東京外国語学校仏文科を経てアナキストになったちょっとどもりなやさ男。

大逆事件で殺された幸徳秋水の弟分、社会主義者たちの間ではその名を知られるヒーローでございました。

アナキストとは無政府主義者。国家などの権力を否定し、自分のことは自分たちの手でやろうという労働運動を、大杉は進めておりました。

その大杉が、野枝を絶賛致します。

大「こう言ってははなはだ失礼かもしれんが、あの若さでしかも女という長い間無知に育てられたものの間に生まれて、あれほどの明晰な文章と思想をもちえたことは、実に敬服にたえない。（略）僕はらいてう氏の将来よりも、むしろ野枝氏の将来の上によほど嘱目すべきものがあるように思う」

と、平塚らいてうと比較して野枝をべた褒めしているのですから、野枝も感激致します。

野「まあ、うれしい！　大杉栄ってどんな人かしら」と興味津々。

と、こうするうちに平塚らいてうは、恋人の絵かき奥村とともに、千葉の御宿に恋の逃避行をしてしまいます。

後を任された野枝は、とりあえず十一月号の編集を何とか終えるとすぐにらいてうに手紙を送ります。

野「青鞜を私に任してみてくださいませんか、『青鞜』を終わらせたくないんです」

二日後、平塚らいてうは野枝を青鞜社に呼んで、「後はお願いね」と頼みました。

かくして大正四年一月、若干二十歳で二代目編集長となった野枝は、自宅の玄関脇を編集室にして、広告とり、原稿書き、編集に取り組み、印刷所に走り、お腹をすかした子供には食べ物を食べさせ洗濯もする。八面六臂の大活躍。

しかし、これまでの青鞜は、らいてうの母が資金援助の会社でしたから何とかやれたのですが、野枝では広告は全くとれず、あざけりばかりが返ってくる。それでも野枝は負けません。

野「私がこの雑誌を続けていける力があるものかないものか、見ていてほしいと思います。青鞜は今後無規則、無方針、無主張無主義で参ります」と宣言。

さらに読者はそれまでのエリート女性だけでなく、一般女性にも広げて参ります。

野枝の「青鞜」は、三つの論争を展開しております。

大正四年二月号で「貞操論争」。

六月号では「堕胎論争」。

十二月号では娼婦を廃止する「廃娼論争」。

男女の不平等、不条理を切って切って切りまくる野枝。

野「男性は愛人を作っても『男の甲斐性』と言われるのに、女性には姦通罪、それは不平等！」

「ああ、習俗打破！　習俗打破！　それより他には私達のすくわれる途はない。呪い封じ込まれたるいたましい婦人の生活よ！　私達はいつまでもじっと耐えてはいられない」

（「貞操についての雑感」、大正四年「青鞜」二月号）と叫びます。

野枝の「青鞜」は、らいてうが始めた女流文学中心のものから、婦人解放運動へとはっきりと舵を切ったのでございます。

この三つの論争を仕掛けた大正四年は、私生活でも様々な出来事がありました。

五月、辻潤が野枝の従妹（坂口モトの娘）キミちゃんと浮気をしてそれが発覚。

「許してくれ」と辻が謝るので、すでに二人目の子供を身ごもっていた野枝は我慢をする。

辻はすぐに野枝との婚姻届を出し、正式な夫婦となった。

十一月、野枝は今宿に帰り次男流二を産む。

一方、大杉栄は、野枝の事を「僕の唯一の、本当に女友を見出した」（貞操論に）と書きながら、フランス文学の教え子で、東京日日新聞の記者神近市子に手を出しております。

この時大杉には、籍は入っておりませんが妻の堀保子もおりました。

モテ男大杉の持論は「自由恋愛」！　自由に誰とでも恋愛すると宣言しているのですから、大した自信ですね。

（大正四年十二月）やがて野枝が流二を抱いて東京に戻ったと聞いた大杉は、野枝に会いたい一心で、理由をつけては何度も野枝と辻の元を訪れることになります。

その頃大杉は出した雑誌が次々と発禁処分となり、八方ふさがり、ガックリと肩を落としておりました。

大「かくして、もう何もかも失ったような僕が、その時に恋を見出したのだ。恋と同時に、その熱情に燃えた同志を見出したのだ。（中略）その恋の対象が、この神近と伊藤とであったのだ」

野枝は、大杉の急接近にとまどいながらも、日比谷公園でキスをかわしてしまいます。

それで辻とははっきり別れる決心がついたのですが、「青鞜」をわずか一年三カ月で終わらせてしまったことが残念で、大杉に走る前に、何とか自立の道を探そうと致します。まず、自立するために、「あなたとの関係は白紙にもどしたい」と大杉に伝えようと宿に行ってみると、そこには何と神近市子がいた。さあ、野枝の負けじ魂が火をふいた。心の中で、「やっぱり私、大杉が好き！」

かくして、日蔭茶屋事件と相成るのでございます。

ここからは、さらに講談調で申し上げる事と致しましょう。

時は、大正五年（一九一六年）十一月六日七日と、大杉と野枝は葉山の日蔭茶屋に宿泊した。

ここは、大杉が執筆のために時々訪れる宿。

野枝は、乳飲み子の流二をおぶって辻の家を出たのだが、生活苦のため流二を里子にだしたと泣いている。が、いよいよ大杉と共に生きて行くと心を決めて金策に走ります。叔父の代準介、頭山満、杉山茂丸が次々と首を横に振る中、内務大臣後藤新平が大杉に会い、資金援助をしてくれることになった。有難い！　これで新しい新聞が出せると喜ぶ大杉栄。

と、そこへ神近市子がやってきた。

神「あら、大杉さん、日蔭茶屋では一人で書いてらっしゃるはずじゃなかったの」

気まずい空気が流れる。三人で夕食をとり、野枝は「あたし帰る」と出て行ったが、色々あって引き返してきた。

その夜は、三人で大杉を真ん中に川の字に寝る。市子は、ふとんをかぶって寝ている野枝を物凄い顔でにらんでいた。

翌日の朝、野枝は東京に帰って行ったが、市子は帰らない。大杉はひどく不機嫌になり、原稿用紙に向かって仕事にとりかかった。

その夜、寝床に入った大杉は、隣の市子に目をやった。

時計が午前三時を打つのを聞いた。ボーンボーンボーン。

ふと大杉は、咽喉のあたりに、熱い玉のようなものを感じた。

大「やられたな！」

どくどくと血が流れる。

　市子が部屋の外へ出て行こうとする。その手には小刀が握られていた。

「待て」と大杉は、声をふりしぼる。

市子は振り返って
「許してください」

後を追いかけた大杉は、「彼女を止めてくれ」と言いながら気を失った。

市子は海に入って死のうとしたが死にきれず、逗子の警察へ、自首をする。

大杉の傷は、頸動脈をわずかにはずれていて奇跡的に助かった。

知らせを聞いてかけつけた野枝、大杉の顔を見て、泣きそうになった。

「やっぱりこの人は、私の大切な人なのだ」

　と、そこへアナキスト仲間がやって来て、野枝をボコボコになぐる。

「お前のために大杉も市子もこうなったんだ」

「自分の子供より男の方が可愛いか」

続けて大杉に、

「君も意気地がない男だな。たかが女の恋に溺れて、主義主張を葬り去るとは、なんて情けない奴だ」

と吐き捨てるように言って去って行った。

この言葉は、アナキスト仲間すべての感情を代弁していたのでございます。

大杉は悪魔で、野枝は淫売。だが野枝は世間から何と言われようとも、もう一切気にはしない。

野「世間では破滅と言うのだろうが、破滅を恐れた沈滞の中にいるよりは、あえて破滅することにより、大きく脱皮していきたい」

と、嵐の中を突き進んで参ります。

野「吹けよ　あれよ　風よ　あらしよ」

以来この言葉は、野枝の心の叫びとなって行ったのでございました。

やがて大杉と野枝は、二人でアナキストの道を突き進みます。

足尾鉱毒事件の被害村となった谷中村を訪れた二人、残る村人と一緒に野枝はポロポロと涙を流しております。その姿を見て、大杉は、自分の労働運動は理論ばかりで心がない、野枝には心があると感じます。

虐げられた人と同じ気持ちになれてこそ、我らの運動は確かなものになるのだと確信。理論と実践、二人はまさに最強のコンビでございました。

巣鴨の借家に落ち着いて、野枝は九月に長女魔子を出産。大杉は、

大「世間では、俺のことを悪魔、悪魔と言う。悪魔の子だから『魔子』だ、ハハハ」

と笑っている。

アナキスト仲間で、たった一人残ってくれた村木源次郎は、側にいてくれて、魔子の世話から女中の役割。

大杉は、洗濯担当。赤ん坊のおしめから野枝の下着まできれいに洗います。洗濯は女の仕事だなどとは大杉は思いません。

その年の秋も深まった頃、亡くなった社会主義者（野沢重吉）の奥さんがやってきて、お金を貸してくれと言う。

大杉は、野枝が羽織っていた羽織を村木に持たせて、質屋に行って五円借りてきた。その五円全部を奥さんに渡しているではないか。食べ物がないのだ。コメ代くらい残してくれよと思ったが、そういう大杉の背中を見て、村木は温かい血潮のようなものが湧き上がってきた。この人でよかったと思う村木源次郎。

となりで野枝はニコニコ笑いながら、大杉を頼ってやってくる労働者たちの面倒をみている。野枝は料理上手と評判でしたが、材料を何でも刻んで、盥の中でごちゃまぜにして火にかけ、適当に味付けしてご飯にかける。得体のしれない料理ですが、居候の労働者た

ちは、皆うまいうまいと食べております。

野枝は、辻との間に二人の男の子、大杉との間には魔子を含め五人の子供。わずか十年の間に七人の子供を次々に産んで行く。

子供は自分たちの子供ではなく、社会の子供である。大杉のアメリカにいた妹橘あやめが病気治療のために日本に帰ってきて、息子の橘宗一を預けた時も、我が子同様に接し、辻の長男の一もしょっちゅう遊びに来ておりました。

やがて、しばらく沈黙を守っていた大杉が、新雑誌「文明批評」を、野枝と共に発行する。その創刊号で大杉は、

大「どこまでもはびこって見せる。たった一枚の伊藤の羽織を質に置いて、原稿紙を買ってくる。死んでもはびこって見せる」

と書き、この雑誌は一部の知識人に訴えるのではなく、労働者自身へ訴えて参ります。

大杉は、労働者のことは労働者の中で知りたいと、この亀戸にやってきた。

野枝もできるだけ労働者の女性たちと親しくなり、女性の解放を訴えたいと思っておりましたが、そんなある日、大杉が職務執行妨害で捕まってしまいます。

なかなか帰って来ない大杉のために筆をとり、内務大臣の後藤新平宛てに「抗議状」を書きました。

野「前置きは省きます。私は一無政府主義者です。」から始まる野枝の手紙は、四メートルに及ぶ巻紙に書かれ、躍動感あふれる筆文字には、野枝の怒りが乗り移っております。

野「私は今年二十四になったんですから、あなたの娘さんくらいの年でしょう？　でも、あなたよりは私の方がずっと強みをもっています。（中略）あなたは一国の為政者でも私よりは弱い」

上から目線ではあるが、権力なんかに絶対負けない！という自信があふれておりました。

読んだ後藤新平は、

後「これが伊藤野枝、大杉の相棒かぁ……。なるほど。新しい女だ」と感心致します。

こうして大杉の再起は亀戸から始まり、それを支える野枝。

野「夫、妻という役割を持つのではなく、互いの力を高めあっていくことこそが大切です」と書いています。

大正八年十二月に駒込で次女のエマ誕生。

大正十年三月鎌倉で三女エマ誕生。

大正十一年六月逗子で四女ルイズ誕生。

大正十二年八月柏木で長男ネストル誕生。

また、大杉との間に生まれた五人の子供達（魔子、エマ、エマ、ルイズ、ネストル）には戸籍がありません。権力に刃向かう人間として、国家の保護は絶対受けない、という意思表示でもございました。

野枝自身が最も気をつけていたのは、自立の精神。大杉の妻という心の安定に陥ることだけは警戒しながら、婦人解放運動を実践し、著作活動と育児に明け暮れます。

小説「乞食の名誉」「白痴の母」「火つけ彦七」などすぐれた作品を書き、大杉と共にファーブルの「科学の不思議」を訳しました。（野枝はすぐに辻潤の長男一に送る）

大杉や野枝の活動は、国家（天皇）や政府などの権力の支配下にいる事をやめようと言うのですから、当然軍部も警察も苦々しく思い、いつかこの国賊の息の根を止めてやろう、と時期をねらっておりました。

いよいよ大正十二年九月一日、関東大震災ぼっ発。喧騒のさなか軍部は、朝鮮人が井戸に毒薬を入れたとデマを流し、民衆の恐怖をあおります。その背後に社会主義者たちがいると言いふらしました。

さあ、朝鮮人狩り、主義者狩りが始まりました。

野枝は避難してきた労働者二家族の世話をしておりましたが、九月十六日、大杉の弟勇一家が鶴見に避難していると知って、二人で一緒に見舞いに行き、その時、大杉の妹（あやめ）の息子宗一を連れて、夕方柏木に戻って参りました。

野枝は八百屋さんで子供達のために梨を買い、大杉は宗一に赤いリンゴを一つ持たせます。

そこへ甘粕正彦大尉ひきいる憲兵隊五人がやってきて

甘「ご同行をねがいます」

大「ちょっと家まで帰らしてくれないか。これを置いてきたいから」と、野枝が抱えている梨の包みをさしましたが、甘粕はダメだと言って大杉達を車に乗せ、大手町の憲兵隊本部に連行。

午後七時頃、三人は別々の部屋に入れられ、それから殴る蹴るの暴行が始まりました。やがて午後八時半頃大杉が、午後九時半頃に野枝が、そして宗一が虐殺されてしまったのでございます。

「畳の上では死なれんとよ」と母に常々言っていた野枝。その言葉どおり、愛する同志大杉と甥の宗一と共に、古井戸に投げ込まれてしまいました。

ただひたすらに習俗打破、習俗打破を訴え、誰かに頼って生きる奴隷根性をなくし、自立して自由に自分を活かして生きる事を女性たちに呼びかけました。

野枝の残した文章のすべてが、今に生きる私たち女性への大切な遺産となっております。

吹けよ　あれよ　風よ　あらしよ

二十八年の生涯を女性解放運動に生きた伊藤野枝の一席は、これをもって読み終わりと致します。

神田紅の歩み

一九五二	昭和二十七年	■福岡県筑紫野市二日市生まれ
一九六八	昭和四十三年	■福岡市立百道中学校卒業、福岡県立修猷館高校入学
一九七一	昭和四十六年	■福岡県立修猷館高校卒業
一九七二	昭和四十七年	■早稲田大学商学部入学、演劇研究会入部
一九七三	昭和四十八年	■文学座付属演劇研究所入所、早稲田大学休学・除籍
一九七四	昭和四十九年	■文学座付属演劇研究所卒業 ■番衆プロダクション所属 ■フジテレビ「アドベンチャーコメディ夏の家族」
一九七五	昭和五十年	■ATG映画「祭りの準備」(黒木和雄監督)
一九七六	昭和五十一年	■東宝舞台「津軽三味線ながれぶし」
一九七七	昭和五十二年	■東宝舞台「屋根の上のヴァイオリン弾き」
一九七九	昭和五十四年	■**二代目神田山陽に入門** ■本牧亭初舞台「ヘンデルとグレテル」
一九八〇	昭和五十五年	■ブラジル「小野栄一特別公演」にゲスト出演
一九八一	昭和五十六年	■舞踊講談「真田幸村大坂出陣」

一九八二　昭和五十七年
■創作講談「阿部定の手紙」
■芝居講談「鬼の角」（泉鏡花原作）初演

一九八三　昭和五十八年
■RKB毎日放送「ルイズ・その絆は」リポーター

一九八四　昭和五十九年
■芝居講談「滝の白糸」（泉鏡花原作）初演
■TBS「報道特集」

一九八五　昭和六十年
■芝居講談「高野聖」「旅僧」（泉鏡花原作）初演
■芝居講談「マダム貞奴」初演

一九八六　昭和六十一年
■二ツ目昇進
■舞台「団十郎と音二郎」

一九八七　昭和六十二年
■藤間勘喬（藤間流名取・師範）
■文芸講談「真説桃太郎」初演
■東映映画「女衒　ZEGEN」（今村昌平監督）

一九八八　昭和六十三年
■著書「紅恋源氏物語」（ダイワアート刊）
■芝居講談「紅恋源氏物語」初演
■日刊スポーツ映画大賞審査員

一九八九　平成元年
■**真打昇進**
■日本テレビ「笑点」

一九九〇　平成二年
■テレビ朝日「内田忠男モーニングショー」レギュラー
■文芸講談「大つごもり」（樋口一葉原作）

一九九一　平成三年
■テレビ朝日「徹子の部屋」出演
■「銀座ウーマンティナー」（～1993）
■文芸講談「オドリマメ」（椎名誠原作）
■飯田郷土講談会（～2012）

一九九二　平成四年
■モノローグ講談「マリリン・モンロー」初演
■舞台「稗田阿礼」

一九九三	平成五年	■女優シリーズ「オードリー・ヘップバーン」初演 ■映画「行楽猿」 ■科学技術庁参与・（財）日本宇宙フォーラム理事
一九九四	平成六年	■「紅版忠臣蔵　47の謎」（月刊宝石） ■小田原城源寺フォーラム（〜2012）
一九九五	平成七年	■サイエンス講談「ロケットの歴史」
一九九六	平成八年	■音楽講談「惑星」
一九九七	平成九年	■「なんだかんだの紅ばなし」（サンデー毎日連載）
一九九八	平成十年	■CD「赤穂義士伝〜女たちの忠臣蔵」KICH-2235
一九九九	平成十一年	■都城シティオペラ「フィガロの結婚」
二〇〇〇	平成十二年	■第3回金印チャリティートーク「国宝・金印物語」ほか ■ドキュメンタリー講談「元寇」 ■第1回イイノホールウーマンティナー「三芸一話〜お富与三郎」 ■「新刊トリケラトプス」（朝日新聞時代小説評連載）（〜2002）
二〇〇一	平成十三年	■第4回金印チャリティートーク「中村天風伝」 ■第2回イイノホールウーマンティナー「将軍と庶民の東海道〜桂昌院」 ■ANA機内寄席司会
二〇〇二	平成十四年	■第5回金印チャリティートーク「杉山茂丸の志」 ■芸道25年記念・第1回福岡独演会「鉢の木／滝の白糸」（夜） ■第1回独演会　in　国立演芸場「滝の白糸／紅恋源氏物語」（夜）

二〇〇三 平成十五年

■第3回イイノホールウーマンティナー「赤穂秘話～南部坂雪の別れ」
■西日本新聞「聞き書き」連載
■CD「ドラマチック！女流講談特選」JW-3
■第6回金印チャリティートーク「黒田騒動」
■第2回福岡独演会「広田弘毅・愛妻物語／南部坂雪の別れ」(夜)
■第4回イイノホールウーマンティナー「江戸の女たち～春日局」
■「語って紅伝」(西日本新聞社刊)

二〇〇四 平成十六年

■第7回金印チャリティートーク「川上音二郎・オッペケペー」
■第1回紅一門会「ヒップホップ・で・お富さん」ほか
■第3回福岡独演会「名君忠之／帰ってきたマリリン・モンロー」(夜)

二〇〇五 平成十七年

■生誕120周年記念「中村ハル物語」in 福岡
■生誕100周年記念「古賀政男」in 福岡
■第5回イイノホールウーマンティナー「明治の奇蹟～大つごもり」
■第8回金印チャリティートーク「高松凌雲の志」
■第2回紅一門会「マリリン・モンロー／ヒップホップ・で・鉢の木」
■小郡市「高松凌雲」
■第4回福岡独演会「高場乱／オードリー・ヘップバーン」(夜)
■第6回イイノホールウーマンティナー「こころの結び目～ヒップホップ・で・鉢の木」
■日本舞踊・坂東三英邑　英会「櫓のお七」

二〇〇六　平成十八年

■第9回金印チャリティートーク「士魂商才・出光佐三」

■第3回紅一門会 in 上野広小路亭「生誕80年マリリン・モンロー／ヒップホップ・で・紅'S」

■第2回独演会 in 国立演芸場「生誕80年マリリン・モンロー／ヒップホップ・で・紅'S」(夜)

■国際ソロプチミスト福岡「女性栄誉賞」受賞

■第7回イイノホールウーマンティナー「女流競艶〜筑紫の女王・柳原白蓮」

■CD「赤穂義士伝三題」WE-1003

二〇〇七　平成十九年

■サイバー大学講師

■第10回金印チャリティートーク「電力王・松永安左ェ門」

■芸道30年記念・第6回福岡独演会「柳原白蓮／大高源五」(昼)

■「古賀政男／南部坂雪の別れ」(夜)

■芸道30年記念 第4回紅一門会 in 国立演芸場「鉢の木／柳原白蓮」

■CD「柳原白蓮」WE-1005

■DVD「芸道30年記念　お宝映像」WED-1001

二〇〇八　平成二十年

■小惑星(12769)が「kandakurenai」と名付けられる

■日本講談協会副会長就任

■第11回金印チャリティートーク「花守市長と桧原桜」

■能と講談「鉢の木」(紀伊國屋サザンシアター)

■第3回独演会 in フランス　パリ「紅恋源氏物語」、ストラスブール「マダム貞奴」

二〇〇九　平成二十一年

■没後30周年記念「古賀政男」
■西鉄創立100周年記念「西鉄100年」
■第7回福岡独演会「真説・菅原道真／紅恋源氏物語」（昼夜）
■「女の独り立ち」（産経新聞出版刊）
■第12回金印チャリティートーク「中村天風」
■川口市オペラ「フィガロの結婚」
■二代目神田山陽生誕百年祭　国立演芸場
■京劇と講談「三国志」　セシオン杉並
■小郡市「大原合戦」
■第8回福岡独演会「音二郎と貞奴／お富与三郎」（昼夜）
■CD「桃太郎」COCF-16266

二〇一〇　平成二十二年

■日本講談協会会長就任（～2012）
■第13回金印チャリティートーク「グリーンファーザー・杉山龍丸」
■第1回荻窪講談紅の会（～2023）
■Dアトリエ講談会
■第9回福岡独演会「貝原益軒・養生訓／春日局」（昼夜）

二〇一一　平成二十三年

■第14回金印チャリティートーク「宮崎滔天とツチ子の物語」
■第1回根津教会講談会（年1回開催）
■庄原市「親鸞」・多賀城市講談慰問
■第4回独演会　in　紀伊國屋ホール「貝原益軒・養生訓／鉢の木」（昼夜）
■福岡運輸55周年「富永シヅ」
■第10回福岡独演会「親鸞／伊達家の鬼夫婦」（昼夜）
■小郡市　生誕175年祭「高松凌雲」

二〇一二　平成二十四年

■第15回金印チャリティートーク「野村望東尼」

■第22回飯田ふるさと講談「甲子園の春」

■第1回北九州独演会「高炉の神様・田中熊吉／春日局」

■芸道35年記念・第5回独演会「紅談アラカルト／ドラマチック白蓮'12」

■国立演芸場主催　第8回女が語る「美し国日本〜鉢の木」

■芸道35年記念・第11回福岡独演会「紅談七変化／大高源五」（昼夜）

■山翁まつり　二代目神田山陽十三回忌追善興行

二〇一三　平成二十五年

■第16回金印チャリティートーク「緒方竹虎」

■国立演芸場主催　第9回女が語る「心の情景〜大つごもり」

■第12回福岡独演会「黒田官兵衛／滝の白糸」（昼夜）

■第6回独演会「滝の白糸／鉢の木」（第68回文化庁芸術祭参加）

■第2回北九州独演会「出光佐三物語／南部坂雪の別れ」

二〇一四　平成二十六年

■第17回金印チャリティートーク「野中到・千代子物語」

二〇一五　平成二十七年

■宗像独演会「出光佐三物語」
■第12回全国藩校サミット
■第3回北九州独演会「柳原白蓮／黒田武士」
■第29回国民文化祭薩摩藩英国留学生フェスティバル「村橋久成」
■矢吹町あゆり祭開催式「講談・矢吹が原物語」
■第13回福岡独演会「黒田騒動・栗山大膳／柳原白蓮／母里太兵衛」（昼夜）
■第7回独演会「黒田騒動・栗山大膳／柳原白蓮2014」
■劇団ショーマンシップ創立20周年記念博多座公演「亀井南冥伝」
■第18回金印チャリティートーク「広田弘毅」
■第14回福岡独演会「飛べなかった翼／真田幸村大坂出陣」（昼夜）

二〇一六　平成二十八年

■第13回全国藩校サミット「金子堅太郎」
■第4回北九州独演会「安川敬一郎物語／大高源五」
■鹿児島県日置市国民文化祭「島津義弘」
■第30回国民文化祭薩摩藩英国留学生フェスティバル「森有礼物語」
■平成27年度第22回福岡市民文化活動功労賞
■日本講談協会会長就任
■NPO法人金印倶楽部設立記念　第19回金印チャリティートーク「金子堅太郎」
■上野広小路亭　第1回神田紅一門会「秋色桜」
■第15回福岡独演会「夏樹静子の心はサスペンス／海賊退治」（昼夜）
■第8回独演会「夏樹静子の心はサスペンス／海賊退治」

■第13回荻窪講談紅の会～紅葉真打披露興行～「紅(堀部弥兵衛の妻)／紅葉(大つごもり)」
■第5回北九州独演会「夏樹静子の心はサスペンス／真田幸村大坂出陣」

二〇一七　平成二十九年

■第20回金印チャリティートーク「宗像三女神物語」
■気仙沼市講談慰問
■第6回北九州独演会「宗像三女神物語／お富与三郎」
■芸道40周年記念・第9回独演会(夜)第16回福岡独演会(昼夜)

二〇一八　平成三十年

■第21回金印チャリティートーク「杉山茂丸～明治を動かした陰の男」
■気仙沼市講談慰問
■第10回独演会「女優　松井須磨子／宗像三女神物語」

■第17回福岡独演会「髪結新三／心の歌　古賀政男」(昼)「髪結新三／安川敬一郎物語」(夜)

二〇一九　令和元年

■第22回金印チャリティートーク「努力の上に花が咲く・中村ハル物語」
■第11回独演会「滝の白糸2019／絵草紙月夜遊女」
■第18回福岡独演会「滝の白糸2019／菅原道真公」

二〇二〇 令和二年

■第12回独演会「二度目の清書／アフガニスタンに用水路を拓いた医師中村哲」

■大野城市まどかぴあ「新五千円札の肖像・津田梅子」

二〇二一 令和三年

■第13回独演会「勤王の歌人・野村望東尼／種痘の普及とコレラの予防に尽力した・緒方洪庵」

二〇二二 令和四年

■第14回独演会「桂昌院／昭和の名女優(壱)杉村春子」

二〇二三 令和五年

■伊藤野枝100年フェスティバル「創作講談・伊藤野枝」

■第15回独演会「伊藤野枝／紅恋源氏物語Ⅱ」

二〇二四 令和六年

■第19回福岡独演会「高場乱／伊藤野枝」

あとがき

先ごろ弟子の神田真紅が真打昇進を果たし、三代目松林伯知を襲名して座右の銘を問われた時、「万芸一芸を生ず」と答えているのを聞き、驚いたのと同時にうれしく思いました。なぜなら、師匠の二代目神田山陽が弟子に語り続けてきた言葉であり、弟子である私の座右の銘でもあったからです。それが山陽師匠からすれば孫弟子に受け継がれたわけで、伝統とはこうして育まれていくものだと、実感した瞬間でした。

役者として有名になって大きなことを成し遂げようと、青雲の志を抱いて故郷・福岡から上京して役者の勉強をしていた時に、講談界への扉を開いてくださったのが山陽師匠でした。何事も成し遂げられないまま古希を過ぎてしまいましたが、自伝を執筆しようと考えたのも、男性社会の講談界に飛び込んだ自らの体験が、次世代の女流たちの参考になればという思いからでした。これからは、女流を育てることに尽力された山陽師匠が築いてくださった礎をより強いものにして、少しでもご恩返しできたらと思っています。

講談界に限らず、日本では世界的にもまだまだ女性の地位が低いのが現状です。女性解放運動家の伊藤野枝が「習俗打破！」と書いてから百年が過ぎました。「女のくせに」と言われながら育った身としては、そんなに変わっていないなあと、その現状に一太刀浴びせたい気持ちもありました。まあ、実際はそこまで勇ましくもなく、男性社会の圧力をなんとかかわしながら、生き抜いてきた世代なのですが……。

この本が、前に進もうとする全ての女性たちにとって、勇気を感じられるものになれば幸いです。

世の中、敵ばかりではありません。今日の私があるのも多くのみなさまの支えがあったからです。山陽師匠を筆頭に、立川談志師匠、そしてウーマンティナーを開催してくださった東京新聞の平岩貴司さん、福岡で小学生に「国宝・金印物語」の講談を語る運動を続けてくださった西日本新聞の権藤宣威さん。みなさん故人となられましたが、この場をお借りして御礼申し上げます。

また、ここまで諦めずにやってこられたのは、支えてくれた舞台のスタッフや仲間たちがいたからです。敬称略で紹介します。大野智子（制作）、綾秦節・もとながせいこ（衣装）、加藤進也・大川和隆（ビデオ）、武富謙二（パンフレットデザイン）、福田文雄・森松夫・保科宗玄（写真）、宇野澤晃・廣渡文子・南田雄哉（ホームページ）。それに、所属事務所のスタッフのみなさん、いつもありがとう。

実はこのところ創作意欲が失せたように感じた時もあったのですが、自分の人生を振り返っているうちに、もう一度ここから生まれ直すのだという気力が湧いてきました。創作講談を作り続け、その作品を弟子たちや東京、福岡の講談教室の生徒さんたちに語り継ぎ、講談の楽しさを広めることこそが、私の使命だと思っています。

最後に、今回出版の労を取ってくださったクラーケン編集長の鈴木収春さん、校閲の永松里奈さん、西日本新聞の加茂川雅仁さん、デザイナーの片平有美さん、ありがとうございました。そして、「紅流講談」を応援してくださっているお客様方に、心よりの感謝を申し上げます。

2024年4月　神田紅

神田紅 かんだくれない

福岡県福岡市出身、福岡県立修猷館高校卒、早稲田大学商学部中退。
講談師・女優・映画評論家・エッセイスト・リポーター。
日本講談協会会長。
NHKラジオ深夜便ミッドナイトトーク偶数月第一水曜日レギュラー、
全日空機内寄席司会、元科学技術庁参与・一般財団法人日本宇宙フォーラム理事。
株式会社クロスポイント、公益社団法人落語芸術協会所属。

公式サイト

公式
YouTubeチャンネル

紅流 女講談師として生きて

2024年4月19日　初版発行

著 者	神田紅
協 力	株式会社クロスポイント
構 成	藤堂ラモン
装 幀	片平有美
発行人	鈴木収春
発行所	クラウドブックス 〒157-0061 東京都世田谷区北烏山2-3-3-508 URL：https://cloudbooks.biz E-MAIL：info@cloudbooks.biz
発売所	クラーケンラボ 〒101-0064 東京都千代田区神田猿楽町2-1-14 A&Xビル4F TEL：050-3627-7344 URL：https://krakenbooks.net E-MAIL：info@krakenbooks.net
印刷・製本	中央精版印刷株式会社

ISBN 978-4-910315-38-6